U0463717

我的伯父田汉

田海雄　著

UNITY PRESS
团结出版社

图书在版编目（CIP）数据

我的伯父田汉 / 田海雄著. -- 北京 : 团结出版社, 2021.7

ISBN 978-7-5126-8510-9

Ⅰ. ①我… Ⅱ. ①田… Ⅲ. ①田汉（1898-1968）—传记 Ⅳ. ①K825.6

中国版本图书馆 CIP 数据核字(2021)第 001165 号

出　版： 团结出版社
（北京市东城区东皇城根南街 84 号　邮编：100006）
电　话：（010）65228880　65244790　（出版社）
（010）65238766　85113874　65133603（发行部）
（010）65133603（邮购）
网　址： http://www.tjpress.com
E-mail： zb65244790@vip.163.com
tjcbsfxb@163.com（发行部邮购）
经　销： 全国新华书店
印　装： 三河市东方印刷有限公司

开　本： 170mm×240mm　16 开
印　张： 14
字　数： 155 千字
版　次： 2021 年 7 月　第 1 版
印　次： 2021 年 7 月　第 1 次印刷

书　号： 978-7-5126-8510-9
定　价： 48.00 元

目　录

楔　子

当你打开中国地图，在这浓缩着960万平方公里的地图上一眼就能看到我们的母亲河——长江。长江上有一个波澜壮阔、一望无边的八百里洞庭，旁边就是赫赫有名的湖南。湖南山清水秀、人杰地灵，产生了许多安邦定国的文官武将。有文

田汉出生地枫林港

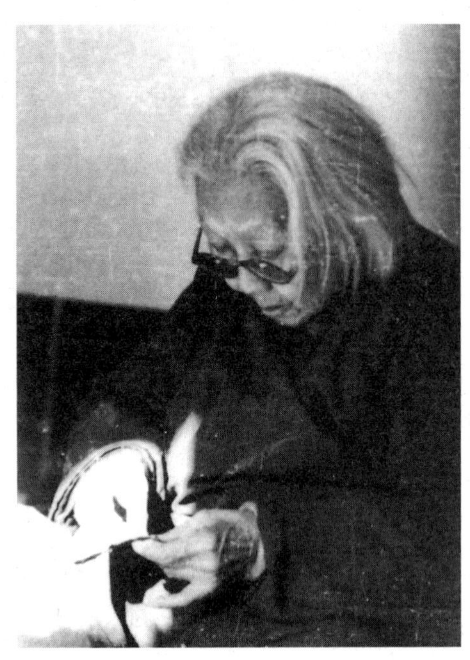
田汉母亲、我的祖母易克勤

人墨客屈原、贾谊等，三国时有“关公战长沙”的典故……特别是清朝的曾国藩、左宗棠他们带领的“湘军”更是名震四方，天下无敌。近代更有黄兴、毛泽东、刘少奇、彭德怀、贺龙等无数革命先驱和共和国缔造者。

在省会长沙市往东50里外，有一个很普通的小村庄，名叫“果园乡”。它依山傍水，树木参天，桃红柳绿，鸟语花香。当地劳动人民过着日出而作、日落而息的乡村平静生活。

1898年3月12号，在果园乡田家塅茅坪的一户农民家，忽然传出一阵婴儿的啼哭声，一户姓田的人家大喜临门，生了一个大胖小子，孩子出生前就请了当地一位老先生为孩子取名，“田寿昌”，他就是我的伯父田汉，未来的中华人民共和国国歌词作者。

我的祖父名叫田禹卿，祖辈三代都以种田为生，今天他高兴得忙上忙下，喜笑颜开。他虽然身强力壮，聪明精干，但是在乡下种田受着重重压迫，家里还是一无所有，这几天好在祖母娘家人都过来帮忙照顾，才使得妻儿平安无事。我的祖母易克勤共有姊妹四人，她是老大，人称大姑娘，其父易道生在地主家当长工，其母也在地主家当奶妈。家里一切大小事都由易克勤一个人支撑，她能把家里生活照料得有条有理。她嫁到田家后，织布纺纱、缝衣做鞋样样都在行。由于祖父聪明能干，能做一手好饭菜，所以他农闲的时候常出外打工，在长沙、益阳、衡阳等地的饭店炒菜，赚点钱回来养家糊口。不久田家又相继添了两个儿子，一个是我的父亲“田寿康”，另一个是叔叔“田寿麟”。

好景不长，正当家里生活走上正轨时，我的祖父在郴州得了肺结核病，吐血不止。回到乡下经多方医治无效不久就离开了人世，年仅34岁。祖母哭天喊地也唤不回他的苏醒，她望着身边这三个孩子，不知今后怎么办。周围的乡亲和娘家人都说你才30岁，还很年轻，劝她改嫁算了。这时的祖母显示出了湖南人的脾气和性格，她说她不怕苦、耐得烦、霸得蛮，她下定决心，果断地告白于大家：“我们田家穷，但穷得有骨气，我不仅不改嫁，而且还要培养出一个读书的人来。”

祖母有一个好弟弟，叫易象，字梅臣，祖母未出嫁前，她父母亲虽然在地主家做长工，可是全家人都省吃俭用地供易象上学。弟弟不但聪明而且读书用功，祖母也对他关心得无微不至，姐弟俩的感情十分亲密友好。后来易象中过举，也曾在长沙岳麓书院与林伯渠、程潜一道读过书，并且还参加了辛亥革

田寿昌的舅舅易梅臣（易象）

命。她看到父亲培养弟弟的成功经历，所以也下定决心，一定要在三个孩子中培养个读书之人。这个想法和打算是好的，可现实生活却是举步维艰，她靠自己一双手养活一家已经很难，哪里还有钱去供儿子上学呢？好在大儿子田寿昌聪明好学，乡下识字的伯伯叔叔也教他读书认字，还在田边用树枝教他在地上写字，他过目不忘、一学就会。乡下有很多寺庙，如洪山庙、真人庙、金龙寺等，他经常去玩，去读寺庙墙上的对联，乡亲们都对祖母说，“寿昌是一块读书的好料，将来一定会考中状元，想办法让他去读点书”。有次祖母的弟弟易象回乡下探亲，祖母与弟弟商量，弟弟听后说：“你的事就是我的事，我一定帮姐姐把孩子抚养成人。”并且当时就给了姐姐一些钱，说给寿昌做读书的学费。于是祖母决定把我父亲送到叔父家，将叔叔送到外祖母家，而让寿昌安心读书。

一开始，田寿昌在乡下一个私塾里读书，并收藏了一些书。他听说仙姑殿里住着一个王道人，于是去与王道人借书，王道人一看他小小年纪，能认几个字，就指着桌上一本书说，这本《绿野仙踪》你就先拿去吧，十天后归还我。仅过两天，田寿昌就将书送了回来，王道人问："你看完了吗？""看完了。""那我考考你。"王道人问了书中的几个人物和故事，田寿昌都对答如流。王道人惊讶地说，不错，后生可畏。以后你要看书来就是了。同时，舅舅易象在学习上也给了他不少帮助，为了让田寿昌练好毛笔字，他从外地买了字帖让他练字，而且要求十分严格，田寿昌也爱不释手，刻苦练习，后来他的毛笔字写得非常好看。由于从小就练了一手好毛笔字，所以他一生的作品都是用毛笔完成的。那时每次田寿昌给舅舅写信，易象总在他原信上画圈和写批语，写得好的字他画圈圈，写得不好的语句在旁边指出来，这样无形地提高了田寿昌的文学和写作水平。在当地的"花果园"学堂上学时，他就显示了聪明过人的地方。有次老师在课堂出题，对对联，先生随手在烤火的盆里拿出一块白炭，说上联"一块墨黑白炭"，课堂上无人对答。这时田寿昌想起母亲出门时给了他两条黄瓜，他马上举手就答"两条绿青黄瓜"，先生听后惊讶地说，对得好。还有一次布置作业，上联是"花果园园内无果"，第二天田寿昌就把下联交给先生，下联是"羊鹿嘴嘴上无羊"（羊鹿嘴是当地的一个地名）。先生看后赞不绝口地说："妙呀妙，真的答得好，如此之好。"特别是他还在当地留下一首众所周知的对联，上联是"二河两岸双江口"，田寿昌对的下联是"单人独马一杆枪"。这些小事证明田寿昌小时候就对诗词歌赋很感兴趣。

他除了爱好学习外还喜欢看戏。那时的乡下，只有逢年过节，红白喜事才请木偶皮影戏或者湘剧团来乡下演出。只要有演出，他不管多远都吵着要去看，好在他叔叔伯伯多，大家都轮流背着他去看戏。每次看完回家后，他就自编自演给母亲和弟弟们看，在这些娱乐中也显露出了他的创作灵感和文艺天才。有时祖母也带他到乡邻梁三娭毑家去玩，梁三娭毑是见过大世面的人，是位知书达礼的大家闺秀，她给田寿昌讲了很多民间故事和历史名著，如《西厢记》《红楼梦》《雷峰塔》。田寿昌第一次知道中国还有这么多美妙动人的古典文学和故事。有时梁三娭毑还唱点戏，背诵一点唐诗宋词，让田寿昌从小就受到传统戏剧的教育。从那个时候起伯父也由衷地对戏剧产生了浓厚的兴趣。

当地有一句乡下话叫做“鱼大塘小”，伯父由于聪明好学，成绩出类拔萃，当地的私塾先生都夸他是读书的人才，不进正规学校去学习深造就浪费了，所以大家都推荐他去长沙读书。有年冬季，长沙第一师范学校的校长徐特立先生来乡下检查工作，听说有此事便提出见见这小孩，见面时还出了几道题考考他。事后徐老先生发现伯父对诗词歌赋很敏感，反应也很快，确实是一块读书的料，他临走时对伯父说：“以后你到长沙读书，一定要到长沙第一师范来找我呀。”1910年，12岁的他经过一位老先生的介绍考上了“长沙选升学校”（现在的北正街小学）。他一个乡下孩子第一次走进城里的正规学校，身上穿得破旧，加上胆子也小，刚开始在班上同学都瞧不起他，都叫他乡巴佬。面对纨绔子弟的挑衅，田寿昌更是发奋攻书，自强自重。一学期后，老师宣布国文考试成绩，第一名就是田寿昌。一石激起千重浪，他这个乡巴佬一下就闻名全校了，顿时引起了老师的器重和同学们的尊敬，老师在课堂上开玩笑地说："什么叫狗眼看人低，什么是人不可貌相，海水不可斗量，就是指我们班的某些同学。"

同时他还和三个玩得好的同学柳之俊、陈剑五、张伯陵怀着要报效祖国的决心，四人决定从"英雄怀汉"这句成语中各取一字，各自改名为"柳英，陈雄，张怀，田汉"。田汉把改名的事告诉了母亲，母亲说你们的名字都是父亲请人取的，在家里我们还是要尊重父亲，对外你们可以用改的名，但在家里永远还是叫田寿昌。田汉对母亲说："妈妈，在家里我永远也不会改名换姓的。"田汉还听拆字的先生说过，田里是不能缺水的，所以名字都必须有带水的字。于是田汉将两个弟弟的名字田寿康改为"田洪"，田寿麟改为"田沅"。

1912年，14岁的田汉终于考到了长沙第一师范学校，成为了徐特立的学生，并和毛泽东成为了同学。那时中国军阀混战，国内战争不断，课余时间田汉把自己写的打油诗和漫画贴在教室的窗户上，还写一些对时局的分析和对政府的责问文章，供同学们参观。在他的带领下，同学黄芝岗、陈子展也积极响应，都把自己写的文章贴在窗户上，大家在这"宣传窗"里各显神通，各抒己见。下课后全校的同学们都争先恐后地跑来观看，大家评头论足，津津乐道地说这宣传报办得好，是学校的一道亮丽的风景线。后来徐特立校长知道后，鼓励田汉向报社投稿。

由于当时时局很乱，长沙政府要招募大量"学生军"，田

田汉与母亲

汉是一个热血青年，满腔热情要报效祖国，他立即就去报名参加了“学生军”。在那里他可以吃饭不要钱，穿衣服不要钱，晚上看戏不要钱，那段时间他过的日子如鱼得水，自由自在。他有次看了湘剧《三娘教子》，感觉就像母亲教育自己要认真读书一样，感触很深。他就在自己睡觉的床上挑灯夜战铺纸写戏，按照老戏《三娘教子》的旧唱词改写为《新教子》，他用他写的新唱词把剧本全改写过来后寄往报社，没想到第二天《长沙日报》就刊登了他的文章，田汉见后欣喜若狂，随后不断写文章投向报社。

由于祖母担心他一个人在长沙无依无靠，于是带上我父亲也来到长沙，租住在北门伍家岭一亲戚家。她除帮别人洗衣服外，还把自己织的纱做成衣服卖，同时也做布鞋卖钱来充当生活费。而我的父亲则每天提一个小竹篮，里面装着香烟瓜子芝麻糖走街串巷叫卖，茶馆酒楼学校门口是他经常去的地方。每当夜幕降临时，大家都回到家中，这个时候是他们母子三人最快乐的时光。每到星期天，田汉都去定王台图书馆看书，祖母总要给他一个铜板叫他中午买点东西吃，谁知图书馆要收一个铜板的门票，田汉进了图书馆就埋头看书了，从早晨一直看到下午，中午饿了他就到水井旁喝两杯冷水充饥，然后又钻进那书的海洋中去吸收知识去了。田汉爱学习、爱看书、爱写作，而且能吃苦耐劳，不讲究任何吃穿，一直保持着一个农村孩子的本质。

1916年夏他在长沙师范毕业了。有一天晚上，舅舅易象突然来到家里，非常兴奋地告诉祖母，他被程潜任命为湖南留日学生的管理员，不久就要去日本任职。他说田汉正好毕业了，还没有工作的去向，姐姐如果放心，他将带田汉去日本学习和深造。易象的一番话正中祖母心愿，她含辛茹苦培养田汉，就是想他能出人头地干出一番事业。但她一想到田汉要远离自己时，便心如刀割，双泪直流。她想如果不让田汉去日本深造则难以成才，如果让田汉去日本她又放心不下。在弟弟易象的劝说下，她终于答应了弟弟，让他带上田汉去闯天下，学了本事回来报效祖国。

田汉听说舅舅要带他去日本读书，既高兴又难过，他在动身的头天晚上，坐在母亲身边，握着母亲那双粗糙的手轻轻地对母亲说："妈妈，您辛苦了，孩子知道您为我们吃了很多苦，我这次去日本一定会好好读书，多学本事，回来再照顾您和两个弟弟，一定会让你们过上好日子的。"而母亲早就把他的行装准备好了，全是母亲亲手做的衣服、织的袜子和做的布鞋。田汉立即跪了下来双手接过母亲的礼物，把眼泪一擦，抬起头说："妈妈，放心吧，孩儿一定争气，一定要做一个有用的人回来。"然后跟着舅舅易象直接奔向长沙码头坐船出发。夜里他兴奋得睡不着觉，走出船舱站立在最高处，眼望星空繁星闪烁，心中暗暗地做出计划和打算，一定要借这次留学机会多学东西，学好知识，回来报效祖国，更要照顾辛苦的母亲和年幼的弟弟，让他们过上好日子。

几天后他们到了上海，易象带着他直奔霞飞路去拜见黄兴。黄兴是湖南同乡会会长，都是长沙县东乡人。当时田汉才18岁，对国家大事还懵懵懂懂，而黄兴与易象两人讲的都是国家大事，谈论的是中国向何处去的问题，特别是黄兴对当前局势更是忧心忡忡，计划成立新的革命组织。田汉对他们的话题非常感兴趣，听得津津有味。晚上易象又带田汉到上海有名的"丹桂第一舞台"看京剧，这是田汉第一次看到周信芳的《打严嵩》、高百岁的《打鼓骂曹》、小三麻子的《赠袍》、王兰芳的《阴阳河》等等，大开眼界，他才知道这就是真正的艺术，这些主要演员才是真正的"角"，这与他在长沙看的三庆班的演出，完全是天壤之别。三天后他们在上海坐上日本的"八幡丸"邮轮直接向日本经济中心神户出发。

一　壮志凌云东渡日
浑身是胆学霸王

神户是当时日本离上海最近的港口，是日本著名的港口之一，也是世界各地的文化、食物、工业、农业、经济、交通、金融的交流中心之一。而且城市中心有一成套齐全的建筑群，学校、工厂、商场、酒吧、餐厅和影剧院应有尽有。后面还有一座不大高的山，叫“六甲山”，山虽不高，可却驻扎着很多外国领事馆，其中就有民国政府驻日领事馆，孙中山曾在这里工作学习过。田汉只是在来日本的船上和舅舅易象学了一点日本口语，到神户后易象安排他在领事馆内一边做抄写员，一边学习日语。

在舅舅易象身边学习，他进步飞速，日语猛进，半年后便可以流利地与人对答，对领事馆的各项工作都能胜任。特别是他看到日本在大力发展海军建设，心想中国也应该有自己的海军和军舰，于是报名去学海军。他在这方面也很下功夫，对军舰的制造、炮火的配置、舰上的旗语和灯语都背得滚瓜烂熟，军舰上一些重要的结构和枪支弹药存放处都了如指掌，连什么

1916年8月上旬，田汉考入日本东京高等师范学校

地方用的什么螺丝都记在心上。后来他又发现潜水艇更先进，于是他又开始研究潜水艇构造了。之后在日本侵略中国时，田汉就曾写文章将他了解的日本军舰结构绘画出来发表在刊物上。

由于民国政府不重视海军建设，田汉感到心灰意冷，于是只好又转向去学习文学艺术。休息时他常一个人去剧场看日本的“文明戏”（现在称为话剧），那时的文明戏也是由欧洲流传到日本的，比日本著名的江户歌舞伎更加吸引人，而且内容描写也比较广泛，戏剧中还可以表演大量现代的东西，这对田汉影响很大，田汉回国后就是受了日本文明戏的影响写出了不少的独幕剧。田汉在长沙从没有看过电影，在日本他发现了电影院，刚开始他一星期看一场。后来这新潮的东西太吸引他了，他把生活费节省下来，每天下班后就跑电影院去看电影，只要别人说哪里上演新电影，他都会坐车去看，如神田、浅草一带的电影院他都去过。他深受日本作家谷崎润一郎的影响，对唯美主义思想产生好感，后来田汉一些早期作品都带有唯美主义倾向。田汉原来视力很好，但因为他电影看得多了，又不注意保护眼睛，所以他的眼睛开始近视了。等他在领事馆上班看文件时发现眼睛看字模糊不清了，这时他才知道自己的眼睛近视了，但已经晚了。

在领事馆，舅舅易象介绍他认识了很多朋友，包括很多进步人士，他也渐渐的开始关注一些社会问题、国际问题。他参加了由革命志士组织的“神州学会”，还在《神州学丛》发表了一篇《俄国革命的经济原因》，对这一著名的革命运动作了幼稚的分析。不久又加入了由李大钊领导的“少年中国学会”，并负责筹备工作。这时的田汉已经由一个普通留学生渐渐地走上了革命的道路，开始关心国家大事，关注中国的前途了。

1919年7月中旬，学校放假，舅舅易象要他借放暑假的机会回国去看看母亲和弟弟。时间过得太快了，不知不觉离开母亲已三年了，他人虽然坐在船上，可是心早就回到了母亲身旁，有问不完的话，又有讲不完的故事。就在他归途的路上，家里却暗暗发生了一些变故。舅舅易象有一个女儿，名叫易漱渝，田汉和她青梅竹马两小无猜。易象非常喜欢田汉，有意将女儿许配给他。为了这段婚姻易象特地在贡园西街（现在的中山西路）租了一间房子，把外祖母、三舅妈和祖母等双方家长全邀在一起，商量田汉与漱渝的婚事。谁知三舅妈嫌田家太穷，说他“家里连放叫化子棍的地方也没有”，祖母一听就来气地说“留得青山在，不怕没柴烧”，这商议变成不欢而散了。

在长沙周南女子学校读书的易漱渝趁放暑假准备回乡下度假，三舅妈想趁机把易漱渝许配给一个姓陈的大乡绅的儿子。这事被表舅蒋寿世知道了，他急急忙忙去告诉漱渝："你还蒙在鼓里，你娘在给你说媒呢。""那你说如何办呢？"漱渝急得不知如何是好。"你不要急，听说寿昌已经回国了，正在路上，到时我写封信到乡下，说学校有事找你，你就当天赶来长沙。"

田汉到长沙后表舅蒋寿世急忙写信到乡下，三舅妈一不识字，二不知田汉已到长沙，她只对女儿漱渝说，快去快回，家里还有事。漱渝来到长沙，见到了久别的田汉，流露出了一个少女的兴奋心情。表舅说事到如今，漱渝不能在长沙读书了。俩人赶去上海，易象还在上海等他们。这时田汉只好拜别母亲和兄弟携手漱渝一道又赶去上海。在上海他们直奔舅舅家，此时的舅舅易象因国内有事离开了日本，在上海负责办报。在家住了三天后，易象拉着女儿的手对田汉说："寿昌，我只这一个女儿，视她为掌上明珠，今天把她交给你，希望你今后像我一样爱护她、保护她、关爱她，明天你就可以带她一道去日本留学和工作了，明年的今天我还是在这里接待你们，将看看我的小孙孙。"田汉听完舅舅的话后，拉着漱渝的手一道跪下说："舅舅，你放心，我一定会爱护好漱渝的，不只是完成学业，更希望干出一番事业来，做一个堂堂正正的男子汉。"第二天，田汉带着漱渝离开了上海，他们两人像一对冲出笼子的小鸟一样在辽阔的天空中自由地飞翔。

这一次田汉没有去神户，他计划给漱渝一个惊喜，他早早写信给朋友宗伯华，拜托他在东京找一个又便宜又宁静的小房子。当漱渝站在车水马龙的马路上，她觉得有点吵，田汉悄悄地拉着她的小手向小巷里走去，然后指着一间日本式小木屋说，这才是我们的家，既安静还很干净。漱渝高兴得跑进去一看，里面什么都齐全，她像小孩一样扑向田汉，撒娇地对田汉表示要永远不分开，永远生活在一起，要把这小家变成幸福的港湾、爱的小屋。第二天她等田汉去会朋友时，去逛附近小商店。她买了一个很漂亮的风铃，还有鲜花、桌布、窗帘、茶杯和两个人吃饭的碗筷等等，整整地忙了一天，把这小家布置得非常温馨，自己也觉得非常满意，便坐在榻榻米上不知不觉睡着了。突然门外传来一阵清脆的风铃声把她惊醒，田汉满面春风地回来了，将漱渝抱在胸前说："告诉你一件好事，我可以去上班了。"漱渝带着撒娇的口气在他怀中轻轻地说："我忙了一天你还没表扬我呢，你看家里是不是变漂亮了？"田汉这时才看了一下房间的布置，他将漱渝抱了起来说："为了感谢夫人的劳动果实，今晚我请你去吃日本料理，让你尝尝日本的饭菜有没有长沙的好吃。"然后高高兴兴地走出家门，两人有说有笑地融入到来来往往的人群中去了。

第二天田汉要她穿漂亮点，说要带她在外玩一天。上午他带着她参观东京市容和商店，中午又带她去尝试日本拉面，晚上田汉说今天有朋友在中华料理店请他们吃饭。原来田汉昨天就安排好了今晚的一个结婚仪式，同时还请了几个朋友来热闹一下，给漱渝来了一个特大的惊喜。接着田汉又为漱渝找了一个离家最近的日语学校，让她去读书。这次田汉来日本早就作好了打算，要一展自己的写作和翻译才能，做一个真正顶天立

田汉的第一任妻子易漱渝

地的男子汉。每天他护送漱渝上学去后，就赶回家开始写作，这宁静而温馨的环境是他创作的最好地方。

田汉不仅日语很好，英文也不错。他翻译了莎士比亚的《哈姆雷特》在刊物上发表后，一下子就轰动日本文坛。接着又翻译的作品有《奥赛罗》《威尼斯商人》《罗密欧与朱丽叶》《仲夏夜之梦》等。之后他还翻译了日本作家菊池宽的《屋上的狂人》《海之勇者》《父归》等。没想到日本作家菊池宽写信给田汉，邀请他去家里做客，在这次家宴上菊池宽又给田汉介绍认识了不少的日本作家——谷崎润一郎、秋田雨雀、佐藤春夫、武者小路、森三千代、中河与一等，他们非常敬佩田汉。接着田汉又发表了自己写的作品《咖啡店之夜》《不朽的爱》《蔷薇之路》《薜亚萝之鬼》（易漱渝演女角蒋梅君）。特别是在《读卖新闻》上他还发表了两篇论文，一篇是《一个日本劳动者》，他把他见到的日本人力车夫流落街头的悲惨命运加以描述，来指责政府不关心一个真正辛苦的劳动者。还有一篇是《漂泊的舞蹈家》，指欧洲来日本表演的舞蹈家，跳得再好也不能脱离社会，演出是需要观众的，没有观众就没有市场，不然就会成为一个漂泊者。这两篇文章又引起了日本社会的讨论和支持，田汉由此在日本引起了广泛的关注。

田汉除写作外，还参加了很多中国人主办的活动，除和张闻天、郑伯奇、周佛海是同学外，还参加了“创作社”，又认识了郁达夫、张资平、穆木天、成仿吾等。特别是宗伯华还向他介绍了郭沫若，说郭沫若是东方未来的诗人，在宗伯华的穿针引线下，他们三人一直保持着书信来往，为见郭沫若，田汉还专程从东京去九州拜访郭沫若，此次晤面，他们发现两人确实有共同语言和爱好。宗伯华非常有心地将他们三个人的书信整理成书出版，书名叫《三叶集》。

田汉休息时就陪漱渝去东京看樱花，去京都看红叶，去爬富士山，去奈良泡温泉，两人过着温馨而幸福的二人世界。然而，好景不长，田汉突然收到表舅蒋寿世的来信，他告诉田汉，舅舅易象在长沙太平街木牌楼被军阀赵恒惕枪杀了。易象参加过辛亥革命，是一个革命党人，同时被害的还有李仲麟等七人。赵恒惕问临行前的易象还有什么话要交待，易象说给准备文房四宝就可以了，然后把袖口一卷，把纸一铺，饱蘸墨汁大笔一挥，写下诗一首：

田汉与易漱渝的合影，左1易漱渝、左2易培基、左3易漱平、左4田汉、左5萧石君

天外飞来事可惊，
丹心一片付浮沉。
爱国爱乡终成梦，
留此来生一恨吟。

易象写完后把笔一丢，把头一扬，抬起头挺起身大义凛然地朝刑场大踏步走去。这些经过表舅蒋寿世叫他千万别告诉易漱渝，说漱渝最爱父亲，她会受不了失去父亲的打击。田汉看到此信如雷击顶，万箭穿心。要不要告诉漱渝？要不要还留在日本？这个时候正是田汉如日中天、风生水起的时候，到底怎么办？他经过深思熟虑之后，决定还是启程回国。日本朋友

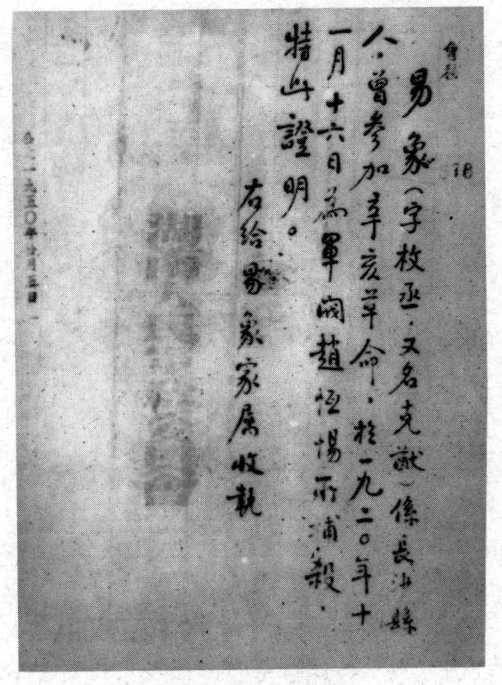

易象（字枚丞，又名克猷）係長沙縣人，曾參加辛亥革命，於一九二〇年十一月十六日為軍閥趙恒惕所捕殺。特此證明。

右給易象家屬收執

易象因参加辛亥革命被杀

和中国朋友都想挽留他，可是田汉回国的决心已定，是不可动摇的。在他回国那天，有近百人来到码头为他送行，田汉站在船舱上挥手示意，并且非常感动地用日语对送行的朋友们说：“日本我还会再来的！”

二　挥泪葬妻枫林港
不做人杰誓不还

田汉携夫人易漱渝回到上海，经朋友们的介绍，住在上海哈同路民厚北里409号，在日本时漱渝就已经怀孕在身了，到上海后全靠田汉一人养家租房。他当时在中华书局担任编辑，同时还要写文章和翻译小说，工作太忙对漱渝照顾不周，他感到非常心疼。

在没有办法的情况下他写信到长沙，要我父亲陪祖母和三舅妈一起去上海，我父亲那时正在船上当水手，为了照顾母亲他只好辞职。三舅妈借了四十个光洋作全家人路费，到上海后在棋盘街找了一个长沙人开的旅店住。第二天请账房先生打电话到中华书局找田汉。临近中午田汉和漱渝坐马车来到旅店把大家接回家。在上海还没住一个月，漱渝就生了一个男孩，田汉抱着孩子高兴地说，在日本怀的，在上海生的，飘洋过海生了个男孩，就叫他“海男”吧。

每天祖母照顾孩子，三舅妈照顾漱渝。有天漱渝问三舅妈怎么父亲易象没有来上海，三舅妈就把易象被杀一事告诉了她，漱渝一听就觉得眼前一片天昏地暗，痛不欲生，不停地喊着"我的爸爸"。从那天起，她就一病不起，变得骨瘦如柴，天天吃药打针，最难受的时候她对田汉说，寿昌，回家吧，还是回老家去吧。田汉十分心疼地扶着她的肩点着头说，好、好，回老家去。

田汉辞去了中华书局的所有工作，也把家中的大小家具通通送给朋友，然后他带着母亲，扶着妻子，抱着孩子，一家老小回长沙。原先他们是准备住在伍家岭亲戚家在长沙治病，可病入膏肓的漱渝在田汉耳边轻轻说，寿昌，我要回老家。田汉眼含热泪忍着悲痛对漱渝说，好，我们明天就回田家塅。第二天回到田家塅已是深夜了，大家都劳累过度休息去了。漱渝躺在床上，叫田汉打开窗户，天上一轮明月正照在她脸上，她轻声细语地对田汉说："寿昌，你是我一生最爱的人，我不能没有你，可是现在的我已无能力照顾你了，我有一个同学叫王大林，她人很善良，我若走了叫她来照顾你好吗？"田汉边听边热泪双流，他抱着病重的妻子说："我们在日本新婚之夜就说过，我们生生死死在一起，现在什么都不要想，治好你的病再说，明天天一亮我就帮你去找医生。"

那几天田汉到处求医问药，只因当时医疗条件太差，难以挽回漱渝的生命了。在一个风雨交加，夜深人静的晚上，易漱渝对田汉悄悄地说："今晚你不要离开我一步，我要你抱着我……"深夜的窗外刮来一阵阵寒风，田汉紧紧地抱着妻子，他想用自己的体温去温暖心爱的妻子。这时躺在田汉怀中的漱渝却慢慢闭上了眼睛，静悄悄地离开了人间，离开了青梅竹马的田汉，离开了还在哺乳期的儿子海男。

易漱渝的墓地

漱渝的去世深深打击了田汉，他每天都思念着妻子，一想到妻子就泪流满面，常常是整夜写怀念妻子的文章和诗词。想到妻子去世的场景他写下：

生平一点心头热，死后犹存体上温。应是泪珠还我尽，可怜枯眼尚留痕。

漱渝去世后第三天，他坐在妻子曾经睡过的这张床上，一个人冷冷清清无人交谈，只听窗外的雷雨在敲打着芭蕉，又写下：

久未潇湘听雨夜，凄清何必打芭蕉。滴来檐下愁如泪，洒向心头怒似潮。

几天后他把妻子漱渝安葬在枫林港的一个高山上，四边全是枫叶，因为漱渝在日本京都看花时说过，她最喜欢家乡的枫叶。今天田汉就把她安放在红叶之中，仿佛看到了美丽的漱渝。他安排将妻子的墓地与他父亲的墓地遥遥相望，当晚田汉又写下：

父葬枫林女枫茏，两山枫叶一般红。深情此日埋黄土，浩气当年化白虹。

那时田汉为漱渝治病借了不少钱，为了还账，祖母只好把田家唯一的财产——一间破旧的茅屋卖掉了。田汉突然遭受到这种绝望和痛苦，感到无比悲痛和伤心，他望着一无所有的田家老屋，望着一家老小无依无靠，果断地扶着祖母说："我们走，我不干出一番事业，不出人头地我决不回来！"

三　周信芳——鱼龙相会亲兄弟　救人一命永不忘

田汉此时此刻是一无所有，而且还上有老下有小。他又返回到上海，回到那伤心的民厚北里。他安顿大家吃住后，就独自一人出门找朋友，去找工作。

好在田汉已名声在外，能讲会写。第二天上午上海复旦大学的教导主任陈望道就找上门来，邀请他去上课。下午上海大学的老师也来了，重新聘请他去上课。身无分文的田汉不加考虑的都一一答应了，有了工作就能养家糊口了。他白天忙于上课，晚饭后他又在灯下翻译小说。夜深人静的时候，房门有人轻轻推开，他一看是母亲。只见她双手捧着一个碗对他说："寿昌，休息吧，家里实在没什么吃的，我用开水泡了一点饭，还有一点辣椒，你就吃了去睡吧，你明天还要去上课呀。"田汉急忙接住饭碗说："妈妈，孩儿不孝，让您这么大年纪还跟着我受苦，我会努力工作，一定会让您过幸福日子的。"

母亲走后，田汉回过身来看到了房间的摆设，这就是漱渝当年的摆设，房间里依然如故，可是物是人非了，这时他又想起了已故妻子的容貌和声音，勾起了他无穷的思念，他又重新坐到书桌旁，拿起那墨汁未干的毛笔，又写了起来。

田汉是一个感情充沛的人，一个思想活跃的人，一个充满爱恨情仇的人，当他拿起了笔，他会一直写下去，写到东方欲晓还不会停笔，他思念已故的妻子漱渝，他把他们点点滴滴的爱写得像火山爆发一样轰动，像山中泉水一样会激起美丽的浪花。他又是散文，又是诗词，又是小说，每一样都记录着他们的爱情故事，这些诗文都发表到《醒狮周报》。这份刊物发行于东南亚，在华侨中影响很大，有天郁达夫告诉田汉，这《醒狮周刊》比较反动，有政治倾向，你不要在那里发表了。田汉这才知道报刊都是背后有人控制的。

他回家后告诉我父亲这一情况，我父亲说那我们自己来办报，反正你会写，我到外面联系发行，田汉一想这主意不错，两人商量后决定自己办报，取名“南国半月刊”。因为他们是湖南人，在地图上指为南方。由于田汉在上海有一定的影响力，半个月一期是没有问题的。可是他俩没有想到前来投稿的人多，半个月一期根本发不完，再者田汉也是靠教书赚钱养家糊口，哪里还有这么多稿费给别人？《南国半月刊》只发行了几个月就改为《南国月刊》，一个月发一期。一年内由《南国半月刊》变为《南国月刊》，这些都是我父亲后来告诉我的。

那时田汉负责写稿、编辑、修改、校对，我父亲负责印刷、发行、邮寄，两个人又忙了几个月，虽然在上海很受年轻人、知识分子和文学爱好者喜欢，但由于稿费负担不起，更付不出印刷费和装订费。不久兄弟俩只好宣布停刊。但是《南国

1924年1月《南国》半月刊横空出世

月刊》在当时来讲在上海还是造成了很大影响。

有一天田汉到印刷厂去看排版，看到一个老工人边做事边唱戏，田汉随意问唱的什么戏，工人说京剧，田汉在自己口袋里拿出两张票对他说，这里有两张戏票，因今晚上要写文章去不了，是周信芳的《四进士》。第二天田汉又来印刷车间看排版，又遇昨天的工人，问他戏好不好看，那工人笑嘻嘻地说好看，不过还是有点问题。田汉一听就来神了，忙问有什么问题，工人说你是大人物听后不要怪罪我呀，他接着说，宋士杰在偷信那场戏里，他先是把信抄在衣上，这么重要的一封信，一不校对二不等墨汁干就放下了长衫，这是不正确的。他到印刷车间看一下就知道墨汁未干是不能动的。田汉一听大叫一声好，还是工人有实践经验，回家后就把工人的这些意见发表在《南国月刊》上了。

一星期后的一个上午，一个身穿西装、头戴礼帽的中年人前来敲门，他向我父亲递上一张名片说想拜见田汉先生。我父亲走到里屋将名片给了哥哥。田汉一看，急忙放下手中的毛笔快步走到客厅双手抱拳说，不知周先生驾到，有失远迎，失敬失敬。来人迎上去握着田汉的手说："我是慕名而来，未事先通知，失礼了。"田汉忙对我父亲说，三弟，这就是上海鼎鼎有名的"麒麟童"——周信芳先生。田汉忙问周先生是如何找到这里来的，周先生哈哈大笑从口袋里拿出一本《南国月刊》说："是这上面的地址介绍我来的，你在文章里说我戏中宋士杰抄信有问题，我今天是特地上门讨教。"田汉就把那印刷厂工人的话讲给他听，周先生听后把月刊往自己头上连敲三下说："讲得好，有道理，妙哉呀妙哉。我今天回去就修改，再请那工人师傅去看戏。"我父亲泡好西湖龙井，又在门外买了点糖果点心请他到里屋聊天。田汉说："我18岁去日本前看过你的一场戏，真是名不虚传，今天相见真是相识太晚，不过也是三生有幸。"周先生问田汉贵庚几何，田汉说："1898年。"周先生然后说："我比你大三岁，那从今天起我们就以兄弟相称如何？"田汉非常兴奋地说："相识满天下，知心有几人，那我们学戏里面拜个兄弟，结金兰之好，你为兄我为弟了。"

自从认识那天起，周先生就成为我家常客了，他经常买点酒菜来我家吃饭，晚上就邀请田汉和我父亲去看戏。那时田汉对京剧还不太熟悉，后来跟周先生接触多了，看戏多了，不知不觉地就迷上了京剧，而且还是一个大票友。周先生除了常邀欧阳予倩、高百岁等演员来这里吃饭聊天外，更多的是讨论剧本和表演。周先生把他修改的宋士杰的那段戏当众表演，语句由轻到重，由慢到快，逐字逐句念白了二次，表示他校对信件完成，然后他又增添了吹衣、抖衣的动作表示在催墨汁快点干，让观众一目了然，后来这一段精彩的念白成了表演的一个经典。大家都说修改得好，周先生说要请工人师傅去看戏，再听听他的意见。田汉伸出大拇指说，周先生真不愧是一位人民艺术家。

电影演员顾梦鹤也非常喜欢京剧，而且还拉得一手好京胡，知道他们常在一起聚会，于是也经常来助兴。周先生夸他京胡拉得不错，说："我在舞台上有一个琴师，我在这里又有一个琴师，幸福呀！"他还亲自教唱《打渔杀家》四句唱腔给田汉："父女们打鱼在湖下，贫穷那怕人笑咱，桂英儿撑稳了舵，父把网撒……"田汉的嗓子非常好，周先生听完他唱后说："我要是有你这嗓子就好了。"有一天吃饭后我父亲问周先生："你叫周信芳怎么又叫你麒麟童呢？"周先生听后哈哈大笑着说："这里面有一个故事。我七岁就上台演戏，因为大家喜欢看我表演就喊我'七龄童'。有一次去湖北武汉演出，事先打电话向他们介绍演员和剧目，由于武汉剧院的负责人没有听懂上海话，误把'七龄童"听成"麒麟童'了，当他们到武汉后看到广告牌上写着'麒麟童'，大家反倒感到高兴，说这三个字更响亮更有特色，所以大家以后就喊我麒麟童了。"田汉听后忙说，改得好！一字千金呀！

田汉那时在几个大学教课，大学里面的学生成立小组

南国社全体人员

织，其中有诗歌朗诵队，他们排了很多小话剧，田汉正好把自己创作的独幕剧、翻译的外国剧让学生演。那时田汉自己又组织了一个“南国社”，全是各大学的精英、文艺骨干，他们业余时间排了很多戏但没地方演，田汉也非常着急。周信芳知道后对田汉说：“我给你提供剧场。”田汉又担心没有人来看，怕剧院冷场，周先生思考了一下说：“我明天给你消息。”

第二天周先生早早来到我家对田汉说：“寿昌，告诉你一个好消息，我、欧阳予倩、高百岁都来协助你的演出，我给你提供剧场，在剧场的广告牌上写‘鱼龙会’三个字，学生为鱼，我们为龙，你们上半场演独幕剧，我们下半场演京剧，你看怎么样？”田汉听后连声说，谢谢兄台了。那天公演时没想到剧场里是座无虚席一票难求，南国社上半场演出的是田汉自己创作的三个话剧《获虎之夜》《乱钟》《一致》，下半场演出的是京剧《潘金莲》，周先生演武松，欧阳予倩演潘金莲，高百岁演西门庆，电影演员唐槐秋演何九叔。这场演出真的成了历史的经典，只要问起“鱼龙会”三字，就会知道是田汉领导的南国社与京剧名家周信芳的联合演出。

由于田汉领导的南国社倾向于革命，揭露讽刺挖苦国民党政府，有些同学还积极上街游行，参加反政府活动，南国社的活动很快引起了国民党特务的注意，没多久南国社就被查封，特务也四处追捕田汉。有天吃晚饭时三辆警车突然来到民厚北里，跳下几十名荷枪实弹的警察，封锁了周围的一切道路，直接去40号房子抓田汉。当时田汉正好不在家，事前上海地下共产党就通知了田汉，所以他在另一个地方居住。我父亲趁警察不注意，悄悄地走到旁边弄堂去给田汉报信，田汉还正准备回家吃饭。我父亲将警察正在抓他的事情转告，他想了一下，拿了件长衫往身上一披，戴上一顶礼帽说，只有去找周信芳。他们急步快跑离开了这危险地带，两人朝“天蟾大舞台”走去。直接去后台一看，周先生还未到，但凑巧的是他的跟包来了，要田汉先到后台躲一下，他去办公室给周先生打电话。后台的服装师傅给田汉穿了一件戏装，还拿白粉在他脸上画了一个小丑妆。当周先生急匆匆地赶到后台，对田汉说：“情况我都知道了，我已联系好你躲避的地方，你现在坐我的车去日租界，有人会负责你的安全，散戏后我再来找你。”然后他一直护送田汉坐上他的汽车平安离开后，才去后台化妆。

这件事使田汉及家人非常感动，之后在很多地方公开说：“周信芳先生是我的救命恩人。”解放后，田汉任中国戏剧家协会主席，周信芳任上海戏剧家协会副主席，大家都是各忙其事。1961年田汉向文化部、宣传部提议，为梅兰芳、周信芳两人举行戏剧从艺60周年纪念活动，经过批准后，在首都文学艺术界举行了隆重纪念活动，田汉主持会议并作了发言，还同时为两位艺术家赠送了自己写的诗词。在周信芳的诗中写道“六十年来磨一剑，精光真使金石开”。为了继承和发扬“梅派”和“麒派”的艺术风格，为了让更多的人民群众欣赏到他们的艺术，田汉又一次向中宣部、文化部提议，将梅兰芳先生和周信芳先生的表演拍成电影，流传万代。1963年，两位艺术家的作品终于留传下来了，成为了珍贵资料。

田汉与周信芳来往将近半个世纪，他尊重艺术家，热爱艺术家，特别是对又有骨气又有爱国之心的艺术家更是爱护和敬仰。他说周信芳先生虽然嗓音带沙，但他很巧妙地运用了丹田之气，他唱腔接近口语化，表演酣畅淋漓，念白精神饱满，特别他在“做工”上下功夫，他善长髯口、抛袖、走边、甩发，帽翅的表演更是一绝，这就是周信芳先生创造的“麒派”。

1963年田汉写的剧本《谢瑶环》被指为反党反社会主义的“大毒草”而被批判，同年，周信芳演出的《海瑞上疏》也被定性为反党反社会主义，同样受到批判。1968年两人同时被抓，一个在北京，一个在上海，同时被游街批斗。

四　洪　深——人生难遇一知己　生死与共感天地

我父亲曾问过哥哥田汉，一生有几个好朋友。田汉不假思索地告诉他："两个，一个是周信芳，一个是洪深。周信芳救过我的命，在事业上也帮助过我，是我刚走进戏剧创作路线上的一个知己。而洪深不同，他是一位有文化理论和艺术修养的人，在文化艺术上我们是真正的朋友和兄弟。"

洪深，江苏武进人，生于1894年，比田汉大四岁。1912年考入清华大学，1916年毕业后又考入美国哈佛大学。他也因为喜欢文学艺术，1919年又考入戏剧训练班，学习戏剧表演、舞台设计、剧场管理和导演，1922年回国。他父亲叫洪述祖，在民国政府内务部任秘书。洪述祖参加了一个震惊中国的大案，谋杀了宋教仁，遭到全国人民的指责和批判。洪深回国刚踏上中国的土地就听到这一消息，第二天就在上海各报刊登了声明，大义凛然地宣布与父亲脱离关系，坚决划清界限。他大义灭亲的声明得到了广大国民的支持和称赞。

以前洪述祖还供给他学费和生活费，洪深宣布脱离关系后就自己去寻找工作。他英语讲得非常好，先后在南洋烟草公司管理处任主任和总经理的英文秘书，业余时间还参加了应云卫组织的戏剧社团的工作，他导演的《少奶奶的扇子》在上海引起了巨大的反响。有朋友向田汉介绍了这个戏，田汉叫我父亲买两张票去看看，他们原以为此戏是讲中国的故事，看完后才知道是讲英国“温德米尔夫人的扇子”。看戏回家后，我父亲说这是“老瓶子装新酒”骗中国人去看，本以为是讲中国的故事，可里面全是外国的东西，什么音乐、舞蹈、布景，没一点中国的东西，戏名要不是“少奶奶的扇子”才不会去看，这是欺骗中国的观众。田汉听后觉得言之有理，打中国戏的牌子演外国戏，是老瓶子装新酒。于是他当晚就给节目单上的导演洪深写了一封信，但信寄出后田汉就把此事丢到九霄云外去了。

突然有一天一个穿着西装革履，头发油光发亮，戴着一副金丝眼镜的中年人来到南国社，手中拿着信封说：“请问哪一位是田汉？”我父亲忙问：“您贵姓？有什么事吗？”他用轻蔑的眼光扫了一下周围说：“洪深。”接着来了一句英语“谢谢”。此时田汉正与南国社的几个演员讲解戏的内容，他一听洪深来了，急忙走了出来，站在他面前的客人一身潇洒，洋派十足，田汉当时在家穿着一件很旧的衬衣，他只好双手抱拳说：“不知洪深先生到来，失敬失敬。”洪深并没有回话，只是用眼睛从上到下扫了一眼田汉，又把他旁边的几个演员看了一眼问：“你就是作家田汉？”田汉笑着说：“哪里哪里，只是爱好而已。”洪深先生这时冒出一句英语“太不可思议了”，田汉听后笑着说：“你是从美国回来的大艺术家，我是从乡下进城的农民田汉，不能与你比呀。”这句话把大家都逗笑了，洪深也把精神放松了，觉得田汉很平民化，很亲切。

田汉指着里面房间说，洪深先生有请，然后他俩在里面喝茶聊起来了，那外面的演员还在等田汉讲戏，只听到屋内传出田汉的哈哈大笑，传出洪深流畅的英语，传出两个人说得高兴时那兴奋的声调，这时田汉想起门外的演员还在等他，就对他们说：“休息一下吧，我还要和洪先生聊一下。”洪先生忙问：“有什么事吗？”田汉说：“我写了一个剧本《湖上悲剧》，正在给他们讲戏。”洪先生一听排戏，他一下来劲了，说正好来学习学习。田汉和洪先生走出房间，田汉把大家召集起来对大家说：“今天我们有幸见到了美国回来的大导演，他是我国第一个学戏剧导演的中国人，大家要认真排练。”在排练中洪先生坐在旁边很认真地看，时不时摇头和点头，排练结束后，田汉请洪先生给大家讲几句话，洪先生说道：“今天我很荣幸地认识了田汉，也很荣幸地看了你们的排练，我很感动，只要田汉先生需要我，我会经常来的。”最后他又来一句英语“谢谢大家了”。

洪深比田汉大几岁，两人便开始称兄道弟，他除上班外都往南国社跑，来当无职无权没有一分钱报酬的导演。当时南国社都是一些热血青年和贫困学生，有的学生吃住都在田家，这些费用全靠田汉写作的稿费和教书的工资是很难维持下去的。有天家里已无米下锅了，祖母只好把手上的戒指当了去买米，洪先生知道后，第二天便把自己的储蓄取了出来，先去当铺换回祖母的戒指，然后又买了二担米到南国社，还给祖母十块光洋说给大家买菜吃。田汉被他的行为深深感动，非常感激

田汉（二排右一）与洪深（二排右六）等

地对他说："你真是我的好兄弟，在我最困难的时候扶了我一把。"洪先生后来常与人讲："我从美国回来导演了《少奶奶的扇子》，演出后撰文赞美的不少，而给我提意见的人只有一个，那便是田汉。人人都称赞我的《少奶奶的扇子》，我虽然感激，但是没有什么反应，唯独有田汉在信中批评我，我倒觉得找到了艺术上的知己。"

田汉后来把英国的《莎乐美》译制改编后，特请洪深先生导演。导演外国戏剧对于洪先生来说是如鱼得水、手到擒来。舞台上的布景是大画家徐悲鸿所画（当时他在南国艺术学院当系主任），配上音乐和舞蹈，再化上洋妆，可谓美不胜收，在上海立即引起了轰动，各大报刊都刊登了演出盛况。通过这次合作，洪先生说他才真正的认识了田汉。有一次聚会上洪先生当着众人说："寿昌是一位真正的戏剧家，在这么贫困的环境还能一心一意搞戏剧活动。德国的马克思有一个好朋友叫恩格斯，在你的戏剧事业上我就做你的‘恩格斯’吧。只要你需要我，我不管在那里，不管有多大困难，都会出现在你面前，召之即来。”

在他俩一生的交往中，洪先生真的是这样做的。他虽然不是南国社的成员，却一直在关心和支持田汉的任何工作。从那个时候起，他每月发工资就给祖母买礼物和送钱，逢年过节他还买鲜花和衣服送给祖母。由于他年轻时失去了母爱，便始终把田汉的母亲当作自己母亲去孝顺，这种奉献一直持续到他逝世，就是在逝世后的一个月，他夫人还代表他给祖母送来20元钱。

有一次洪先生急匆匆来到南国社找田汉，说他看了一部美国电影《不怕死》，里面有侮辱中国人的镜头，这部电影由美国罗克导演，影片中把中国男人都描写成吸食鸦片的烟鬼，把中国女人描写成妓女。那时洪先生是明星电影公司负责人，看到电影样片后他就和自己的律师商量如何去禁演，可是大家都怕得罪美国人，所以只好来找田汉商量。他告诉田汉这部电影今天在大光明电影院首演，他已经向政府部门反应了，可是没人支持，所以他准备大闹电影院，要求政府禁止上演。但又担心自己势单力薄，只好来找田汉商量如何来禁止演出。田汉听后说：“我们兵分两路，你带上张曙、廖沫沙、田洪、辛汉文几个去电影院协助你，另外我马上写文章送报社，再带几家上海报社记者赶到大光明电影院来。”洪先生说：“好。”电影是下午2点开演，洪先生对协助他的几个人说：“你们一人带一支手电筒，在开演前我们冲进去，我会站在一张椅子上讲话，你们只管用手电筒照着我就行了。”

当大家来到电影院前，洪先生看了一下手表后大喊一声：“冲！”大家一下就都冲进去了，洪先生跑到舞台前面，站在一张椅子上用报纸卷成话筒大声说：“同胞们，我是复旦大学教授洪深，今天这部电影是侮辱中国人的电影，我们要求禁止上演，大家都不要看，全部去退票。”这时来了两个美国人，想要把洪先生拉下来，南国社的几个人都保护着他，然后洪先生用流利的英语向他们提出严重抗议。这时，剧场一个洋经理带来了几个外国巡捕房警察来抓洪先生，洪先生事先安排在旁的律师大声说，洪先生的行动不违法，是正当的爱国主义行为。第二天，《上海申报》《大公报》《新民晚报》等在报刊杂志头版头条用大号红字报道“昨天洪深大闹大光明电影院”。这次抗议辱华事件后，再也没有辱华电影在上海上演。

由于田汉领导的南国社倾向于革命，有反国民党政府行为，因此被国民党查封，田汉被列入了黑名单。田汉担心影响洪先生一家生活，叫他暂时不要联系，等风声过后再联系他。洪先生只好挥泪而别说：“寿昌，我还是那句话，只要你需要我，我随时随地会出现在你面前。”然后洪先生只好去复旦大学、暨南大学、山东大学、青岛大学、北京师范大学当外文老师去了。但他不管在哪里，心里一直牵挂着田汉。

几个月后的一天，他在青岛听闻田汉被捕，第二天就赶到了上海。他邀请一些朋友在东方饭店四楼房间里密商如何营救田汉。洪先生十分气愤地说：“我想亲自去南京向国民党政府去交涉，假如他们说田汉是‘左联’人物被捕的话，那么我可以告诉他‘我也是左联的，你们把我和他关在一起好了’。”

田汉出狱后，上海文艺界要为他在南京、上海举行几场演出。为此，田汉给洪深发了一个电报，洪深就马上赶赴过来。田汉创作的《苏州夜话》《湖上悲剧》《江村小景》《生之意志》《名优之死》等都由洪深一人导演完成。

1937年上海沦陷，全国的文艺青年都汇集到了武汉。田汉任政治部三厅六处处长，洪深任戏剧科科长，他俩并肩作战，先后组织了十个抗敌宣传队，培养和发展了无数文艺骨干奔赴到各个战区慰问抗战前线的将士。武汉失守后，他们又一同来到长沙参加抗战救灾运动，他天天与田汉活跃在广大艺人之间，与他们在废墟中同吃同住同救灾。在长沙的那段日子里，他们留下了很多可歌可泣的故事。后来，由于日本飞机大炮不断轰炸，大家只有撤退到广西桂林。在抗战最后的日子里，全国各地撤退来的文艺青年在桂林参加了由田汉和欧阳予倩联合创办的“西南大剧展”，其中就有田汉、夏衍、洪深联合创作的话剧《再见吧，香港》，该剧也是由洪深导演。演出取得了很大的成功，影响遍及整个东南亚，号召全世界的爱国华侨共同抗日。1947年，田汉又在上海写了电影剧本《丽人行》，此剧导演还是洪深。剧本描写了三个女人在日本占领时期的三种不同的命运。经过洪先生严谨细腻的构思和导演，这部电影在全国引起了强烈的反响，电影进一步揭露了日本军国主义对中国人民犯下的滔天罪行。田汉和洪深的友谊也变得更加深厚和牢固。

新中国成立后，田汉任中国戏剧家协会主席，洪深任副主席，作家协会理事。几十年里他们经过了多少风和雨，经过了多少次生死离别，最终他们都挺过来了，而且还当家作了主人。田汉和洪深都是在旧上海奋斗出来的，对上海有深厚的感情，洪深多次提出想回上海工作，田汉一直挽留他，觉得在北京工作更能发挥他的能力。后来，田汉得知洪先生患了严重的肺炎，还特地陪洪先生回到上海，去看了当年大闹过的大光明电影院和南国社旧址。之后还去杭州游了西湖，拜见盖叫天。洪先生旧地重游，感慨良多。他说："寿昌，非常感谢你陪我旧地重游，这也许是我最后一次来上海了，我永远也忘不了这是我们战斗过的地方。"

回北京后，国务院又任命洪先生为文化部对外文化事务局副局长，对外文化协会会长。1954年他率领中国文化代表团去德国、波兰、匈牙利访问，期间被查出已是肺癌晚期，周恩来总理决定让他回国治疗。1955年8月的一天，洪先生在医院托口信说想见几位老朋友，田汉和欧阳予倩立即赶到医院。他非常激动，握着两位老朋友的手眼含热泪地说："寿昌，看样子我可能不久于人世了，哥哥我有两件事委托你。一是想争取加入中国共产党；二是我两个女儿还小，万一我走了的话，请你好好培养照顾她们。"田汉也眼含热泪，心如刀割地安慰着他："你的病一定会好起来的，我们还要创作更多的戏，你曾答应过我，我的戏全由你来导演。"两人手握手心领神会地笑了起来。8月底，田汉要陪阿尔巴尼亚代表团去广州访问，动身前田汉还去医院看望了洪先生，洪先生躺在病床上，声音微弱地对田汉说："寿昌，你可要早点回呀，我还想和你聊聊天呀。"就在田汉到广州的第三天，接到文化部电话通知，我国著名戏剧家、著名导演、文学教育家洪深先生与世长辞了，享年61岁。田汉听完电话后把房门一关，只听到房间里传出大声的哭喊，这是田汉一生中少有的悲伤：“洪深兄，我对不起你呀，我没有在你身边亲自为你送行，这是我的大错特错，你是我一生中最好的挚友和兄弟，托付我的事我一定会去完成。放心吧，你的女儿永远也是我的女儿，我一定把她们培养成人，直到她们成家立业。”事后田汉对洪先生女儿就像对自己的孩子一样关心和爱护，这种情形一直保持到他逝世。

田汉曾写过一首诗《赠洪深》：

人生四十不算老，
阅历既深精力饱，
秋风黄浦动征衣，
洪深先生赴青岛。

五　聂　耳——
慧眼识得金镶玉
共同写出义勇军

在云南玉溪的一个小村庄，大家都喜欢唱歌跳舞吹拉弹唱，每到农闲时大家都聚在一起载歌载舞，尽情欢乐。在这群人中有一个小孩，他又是吹笛子又是弹月琴，显得特别活跃，大家都叫他聂守信。聂守信从小就喜欢音乐，吹笛子、拉二胡、弹月琴基本上都会，这些乐器都是叔叔伯伯及邻居邱木匠教会他的。他的乐感特别好，乐器一学就会。1927年，他就读昆明师范学校，又跟音乐老师张庾候学小提琴和钢琴，每天勤学苦练，进步很大。

在读书期间，由于社会动乱、民不聊生，他参加了共青团组织，上街贴标语，还参加了大游行示威活动，被警察局列入黑名单。就在警察要抓捕他的当天，他和另一个朋友下午就秘密逃离昆明，后经湖南、广东奔向音乐圣地大上海，他认为上海是艺术的殿堂、人间的天堂。

当他踏上上海土地时，看到的是一栋栋高楼大厦直冲云霄，一辆辆奔驰的汽车川流不息，男人是西装革履风流倜傥，女人是旗袍艳丽千娇百媚，确实令他惊叹不已。但当他把头再转向另一方，看到的则是码头工人背着沉重的货物一步一步搬上船舱，几个头戴黑色礼帽手拿皮鞭的人在任意抽打着他们，还有无数的流浪者穿着破衣烂衫沿街乞讨。真是“朱门酒肉臭，路有冻死骨。”聂守信仰天长叹，这哪里是音乐世界？这哪里是艺术的天堂？他独自一人来到这举目无亲的上海，只得先找份工作再找个可以落脚的地方。最后，他在云丰申庄从事杂役性工作，每月能拿十五元的低薪。他一边打工一边等待音乐学院的招生，梦想凭自己的一技之长能在上海成为音乐家。

有天他在一个二手店发现一把小提琴，当时就拉起来试了一下，发现音质很好，但价格较贵。他经常没事就路过那店去看那把琴，有一天，店老板发善心地说：“小伙子，你喜欢的话我50元卖给你。”等发工资那天，他把自己全部储蓄拿出来去买自己喜欢的那把旧小提琴，老板说钱还不够，他就脱掉自己身上的旧皮衣给老板，老板看这年轻人如此热爱音乐就卖给他了。

聂守信有了小提琴如获珍宝，他每天只吃二个烧饼充饥，除打工外他都在阳台上勤学苦练。春节过后，终于等到上海音乐学院招生了。当他走进考场，坐在前面的老师全是西装革履，一口洋腔洋调，听完聂守信拉了一曲后就叫他暂停，并开始指手画脚地询问他了——你在那个音乐学院毕业的？有什么文凭？会识五线谱吗？最后宣布他因为没有学历，不懂音乐理论，又不认识五线谱，所以不予录取。聂守信听后气愤地指着面前的老师说：“你们不是在招音乐学生，是在招漂亮的少爷小姐，你们招的是有钱人，不是招我们穷人，我也不稀罕你们的什么音乐学院。”说完，聂守信拿起身边省吃俭用买来的小提琴，转身拂袖扬长而去。

聂守信通过这次音乐学院考试，才知道穷人是没有资格进入艺术殿堂的。没有被录取不但没消沉他的意志，反而更加激发他去勤学苦练。一个音乐朋友张曙告诉他，有一个“明月歌舞团”正在招生，需要一个搞音乐的。他想这正好能解决自己吃住问题，还能向他们学习音乐，正是再好没有的事了，于是他就去报考明月歌舞团。负责考试的是音乐负责人黎锦晖，他发现聂守信很有音乐天分，是一个音乐苗子，于是毫不犹豫地决定录取他，并把聂守信名字改为聂耳。由于聂耳年轻活跃、思想进步、人缘关系又好，歌舞团的男女老少都喜欢称呼他“耳朵先生”。

聂耳顺利考进明月歌舞团当上了一名小提琴手，原想在歌舞团提高自己的音乐技巧，学习更多的音乐知识，谁知演出的大多是靡靡之音，跳的是大腿舞，唱的是桃花江美人窝。聂耳作为一个热血青年，来上海寻求真理，他很不满足现状。

有一天，张曙邀请田汉来看明月歌舞团的演出，田汉看后说：“这样的演出是误人子弟，会使中国艺术误入歧途。”不久，聂耳要张曙介绍他去认识田汉，见面后田汉对聂耳说：“一个中国人应该有强烈的爱国之心，要有自己的理想和追求，你在歌舞团麻木不仁地活着，还不如走出来去干自己喜欢的事情。”聂耳听了田先生一席话，觉得胜读十年书。田汉介绍他认识了很多进步青年和音乐界朋友，还介绍他参加了“苏联之友社”的音乐组。他在这里接触了几位共产党的音乐家，

田汉与聂耳（左）

在他们的帮助下，聂耳提高了思想水平和艺术技巧。田汉后又介绍他到联华公司工作，他深入工厂、农村、学校，与劳动人民打成一片。在这段时间里，他为田汉谱写了大量歌曲，如电影《母性之光》的《开矿歌》，《桃李劫》的《毕业歌》，《风云儿女》的《义勇军进行曲》；话剧《回春之曲》的《告别南洋》和《梅娘曲》；歌剧《扬子江暴风雨》，聂耳还在剧中扮演了一位码头工人，在他怀中死去的孩子的扮演者是田汉的儿子田海男。

在1933年至1935年的两年中，聂耳经常来田汉家汇报自己的思想，田汉发现聂耳不仅喜欢音乐，更有一股追求上进和体恤劳苦大众的心。田汉每次为电影公司写插曲时首先就想到了他，田汉与聂耳共合作了37首以上作品。为了体验工人生活，寻找创作源泉，我父亲还陪他去车站、码头、矿山听工人们的劳动号子，为他的创作打下了深厚的音乐基础。后来田汉还介

绍聂耳加入了中国共产党，他非常高兴地说："我很荣幸地把一位年轻有为的音乐家、一位革命战士介绍到队伍里来了。"

1937年7月7日，日本发动了"卢沟桥事变"，开始全面侵略中国。党组织都已转入地下活动，田汉由民厚北里搬到法租界瑞金二路日晖里41号。正在联华电影公司上班的聂耳有天来家看望田汉，也正巧田汉这时冒着小雨回家，他进屋就非常气愤地说："日本都要打到上海来了，商店里留声机还在播放靡靡之音，还有人在唱'桃花江是美人窝，桃花千万朵，比不上美人多'，这样下去怎么得了。国家都要亡了，人民将会成亡国奴了。"

之后谈起工作，田汉对聂耳说："电通公司有一部电影叫《风云儿女》，公司负责人司徒慧敏要我帮他们写一个插曲，我正在构思，我写好你就帮我配曲吧。"聂耳满口答应，说过两天来拿稿子。两天后他准时赶来，当时田汉大概写了二段词，聂耳看后感到有点长，田汉说："今晚我再修改一下，明天一定可以给你了。"第二天，田汉自己反复朗读了几遍后交给聂耳，并对聂耳说："我的家乡有这么一句话，'催命鼓，救命锣'，希望你在唱之前加点鼓和号，更能激起人民的斗志。"同时还要聂耳去参考法国的《马赛曲》《国际歌》和俄罗斯的《船夫曲》。

正在聂耳抓紧谱曲的一个晚上，田汉突然遭到国民党特务逮捕，被押送南京。聂耳将歌曲立即交给电通公司的负责人应云卫，并把《义勇军进行曲》作为《风云儿女》的主题曲向全国播放。这首歌聂耳采用进行曲的方式，表现出大刀阔斧、斗志昂扬、视死如归的气势，激励全国人民来抗日、来战斗、来保卫祖国。不管是在抗战前线还是生产大后方，不管是大江南北还是海外有华人的地方，大家都在齐唱《义勇军进行曲》，保卫着祖国保卫着家乡。

在国难当头的时候，党为了保护聂耳，让他先去日本再转道去苏联学习和深造。不料，1935年7月17日，年仅23岁的聂耳在日本藤泽市游泳时不幸溺水身亡，真是英年早逝。田汉在监狱里闻听这一消息，悲痛欲绝。为这位朋友，这位音乐天才，田汉在狱中挥毫写下《悼聂耳》：

一系金陵五月更，
故交零落几吞声。
高歌正待惊天地，
小别何期隔死生。
乡国只今沦巨侵，
边疆次第怀长城。
英魂应化狂涛还，
重与吾民诉不平。

田汉曾这样评价聂耳：当初正因为“学院派”对他的奚落和嘲讽，才激起了他的顽强斗志和爱国热情，聂耳的出现就像晴空中一声巨雷，像威震群山的一只雄狮，他创作出了大量的优秀的作品，给中国人民留下了热情奔放、豪情万丈、振奋人心的歌曲。

六　冼星海——贫穷路上帮一把才有夜半歌声传

你是天上的月，我是那月边的寒星。

你是山上的树，我是那树上的枯藤。

你是池中的水，我是那水上的浮萍。

用什么来表我的愤怒?

唯有那江涛的奔腾!

用什么来慰你的寂寞?

唯有这夜半歌声!

这首歌是田汉为《夜半歌声》写的词，由音乐家冼星海谱的曲，这首经典歌曲至今已经流传了半个多世纪。

田汉一生中交了很多朋友，除演员、导演、画家、历史学家、诗人等等外，他还交了很多优秀的音乐家朋友，如聂耳、冼星海、张曙、黎锦晖、肖友梅、贺绿汀、任光等。他的作品除与聂耳合作最多外，再就是“人民音乐家”冼星海了。

冼星海，广东番禺人，在澳门出生。学生时期就学会了吹单簧管、笛子和长号，他天生就有音乐细胞，对音乐特别热爱。经朋友介绍去北京学习音乐，在北京大学音乐传习所学了一年多，外国老师还教他学小提琴。他对音乐的理解深受老师喜欢，于是老师又介绍他去上海一个朋友那里学谱曲和配乐。他在上海学习非常认真勤奋，深得法国老师厚爱。就在他如饥似渴学习的时候，音乐老师突发重病回国去了，冼星海在上海举目无亲，只能靠打工和街头拉琴艰难度日。他的母亲为支持他学习音乐，也来上海帮人做工。

由于他在上海连工作都找不到，只好寄住在百代电影公司负责人应云卫家里，晚上自己在外到处贴广告，教人家拉小提琴。有一天我父亲帮哥哥田汉去应云卫家送剧本，因应先生不在家，应太太忙着泡茶，我父亲无意中听到里面房间传出小提琴声，就问应太太谁在里面拉琴。应太太说是她的一个远房亲戚住这里，他刚从法国回来，没有找到工作，只好在这里教人家拉小提琴。我父亲好奇地向房间望了一眼，正好与冼星海打了一个照面，然后向应太太告辞回家。回家路上就凑巧在电线杆上看到冼星海贴的招生广告，我父亲扯了下来带回给田汉看，田汉看后问这是怎么回事，我父亲把听到的和看到的都讲给田汉听了，田汉听后说明天把他请到家里来。

谁知冼星海等我父亲走后就问应太太，这来的人是谁，应太太告诉他是田汉的弟弟，冼星海早就知道田汉，只是苦于没人引见。晚饭时应云卫先生回来了，冼星海说请他帮忙带他去拜访田汉，晚饭后应先生就带他去见田汉。田汉从冼星海的谈吐中了解到他是一个非常有音乐底蕴的人，对世界音乐有非

田汉与冼星海（左）

常广泛的研究，却在上海找不到合适的工作，实为可惜。田汉沉思片刻后说："你若愿意的话暂时到我南国社来帮忙，和这里的朋友们一起生活，可以解决吃住问题，还可以参加演出。"

这时应先生问田汉："田先生，不知你为电影《夜半歌声》的插曲写好了吗？"田汉忙从抽屉里拿出已写完的歌词递给应先生说，我把这段歌词叫《热血》，应先生拿起歌词一看：

空庭飞着流萤，高台走着狸鼪。
人儿伴着孤灯，梆儿敲着三更。
风凄凄，雨淋淋，花乱落，叶飘零。

在这漫漫的黑夜里，谁同我等待天明？

应先生还只看到前面几句就拍案叫好，连声说：“写得好，写得太好了，这电影一定会轰动上海。”田汉忙问旁边的冼星海会谱曲吗？冼星海说会谱曲，田汉把这首歌词又递给他看，冼星海认真看完后也说这歌词写得太好太感人了，然后对田汉说：“田先生，你要是相信我，我三天后交稿给你。”田汉说：“好，这电影就看你的了。”三天后，冼星海将谱好的曲准时送到百代电影公司，他当着田汉和应云卫的面演唱了这首歌，他唱得悲哀婉转，令在座的人无不动情。

当电影《夜半歌声》正式在上海公演时，这段插曲《热血》成了一首经典的流行歌曲，凡是看过电影的人没有不会唱的，歌词的结尾是这么几句：

用什么来表我的愤怒？
唯有那江涛的奔腾。
用什么来慰你的寂寞？
唯有这夜半歌声！

几天后，百代电影公司给田汉送来200元稿费。田汉听说冼星海的母亲还在上海做工，就叫我父亲把稿费全部送给冼星海作为他们母子的生活费。后来田汉干脆把他母子俩都接到南国社来住。在这段时间里，冼星海又为田汉的电影《青年进行曲》《黄河之恋》等配曲，由于冼星海的母亲不习惯上海生活，他只好向田汉告别护送母亲回广东去。临行前，田汉又将刚收到的大学发来的工资全部送给冼星海，给他们做回家的路费和生活开支，冼星海母子非常感谢田汉。冼星海在船上挥手告别时大声喊着：“田先生，我还会到上海找你的。”

斗转星移，他送母亲回广东后，为了自己的理想而去法国勤工俭学，并考入了巴黎音乐学院高级作曲班，学习作曲和指挥，一学就是6年。1935年他在巴黎听说自己母亲病了，毫不犹豫地放弃了自己的美好前程和学业爱情，毅然回国。回国不久，他听说田汉被捕关押在南京，又急急忙忙从广东来到上海，再到南京来见田汉。

田汉获得自由后，为了感谢冼星海，特地邀请了电影皇帝金山、张曙、冼星海同游苏州，在太湖洞庭山大家共同唱起田汉写词冼星海谱曲的《黄河之恋》。田汉非常关心冼星海的前途，告诉他目前党组织已转入地下活动了，有什么事情和问题要他去找百代电影公司负责音乐的任光，还联系了盛家伦、周巍峙，告诉他们冼星海是一位不可多得的音乐人才，一定要把他拉到中国共产党的队伍里来，一定要把他引进到抗日战线上来。

1937年抗日战争全面爆发，冼星海和洪深在上海参加了“救亡演出队”二队工作，在上海、南京、徐州等抗战前线慰问抗日战士。上海失陷后又转战到武汉，当时组织了近五千人的十个抗敌宣传队，田汉还特意为这次文学艺术界集会创作了一首“班歌”，并也由冼星海谱曲。

同志们，别忘了，

我们第一是中华民族的儿女，

第二是戏剧界的同行，
抗战使我们打成一片，
抗战使我们欢聚一堂，
我们要救人必先自救，
要强国必先自强……

这首歌每天都飘扬在武汉的上空，传遍武汉三镇的每个地方。武汉后来也沦陷了，就在这关键时刻，冼星海收到从延安寄过来的一封信，“延安鲁迅音乐学院”邀请他去当音乐系主任。在他临行之前，田汉、夏衍等还和他拍照留影，同他一道赴延安的还有田汉的弟弟田沅。冼星海到延安后创作了大量的歌曲，流传最广、影响最大、气势最磅礴的就是《黄河大合唱》。据统计，他所创作的曲谱近500首，是中国音乐界之首。

1939年，冼星海在延安加入了中国共产党，党组织决定派他到苏联深造。由于战争形势不断严峻，他又身患肺病，最后于1945年在莫斯科医院病逝，享年40岁，毛主席称他为“人民音乐家”。冼星海逝世后，田汉悲痛万分，说聂耳、冼星海的逝世是中国音乐界的巨大损失。他们两人都成了不归之客，可是他们两人是音乐界的榜样，时代的先锋，人民的战士，他们创作的作品将永载史册，千秋万古！

七 胡 萍——咖啡店内一招待摇身变成大明星

在1925年前后，田汉的表舅蒋寿世在长沙最热闹的市中心开了一个咖啡店，名叫“远东咖啡店”。由于在市中心，每天有不少纨绔子弟、小姐太太、官僚资本家都来这里喝咖啡。这咖啡店灯光时明时暗、五彩缤纷，落地的金黄色窗帘更显得富丽堂皇，房顶上的英国电扇慢悠悠地转着，整个咖啡厅飘着一阵阵玫瑰的清香。服务台上的留声机放着田汉创作并由金嗓子周璇主唱的《四季歌》、黎锦晖的《桃花江》、京剧《贵妃醉酒》等。服务员个个是满面春风，笑口常开地迎接各方宾客。

在这几位服务员中，有一位特别显眼。她高高的个子，白净的皮肤，走起路来左右摇摆婀娜多姿，那一双会说话的眼睛总对着客人微笑。蒋老板总是在客人面前骄傲地说：“这位是我们店里一枝带刺的玫瑰花，谁也别想摘。”有天早晨在店门口还贴了这么一张纸，上面写着“高山有好水，平地有好花，人家有好女，无钱莫想她”。由此可见这位女招待已成了一块待雕塑的白玉，引来无数人对她的关注。

她叫胡萍，长沙人，家住长沙天心阁城下的“席草田”巷内。“席草田”这地方是穷人居住的，人多巷窄。胡萍幼年就失去了父亲，家里有一个多病的母亲和弟弟。她自己小时候在外乞讨，还被孤儿院收养过。常人说得好“穷人的孩子早当家”，她15岁就开始赚钱养家糊口，现在每天都去咖啡厅上班。朴实勤劳善良孝顺的胡萍，虽然贫穷，可是上天却给了她一张漂亮的脸蛋和迷人的身材，而且还有一副好嗓子。在咖啡店内她边干活边跟留声机学唱歌唱戏，而且京剧唱得有板有眼，京味十足，因此她的普通话也比别人讲得好很多。她还在一个“冻雨社”的团队里任绝对主角，又会唱又会跳还会朗诵诗歌的她，文艺才华在演出中表现得淋漓尽致。特别是在大学的话剧社团里她还参加演出了田汉的《夜归》《苏州夜话》《获虎之夜》等，深受大家的喜爱和欢迎。后来她听说咖啡店老板蒋寿世是田汉的表舅，更是围着蒋老板说好话，要他介绍自己去上海学戏。

蒋老板出自爱才之心，也认准胡萍将来一定会是个好演员，就写信到上海告诉了田汉。田汉看信后说：“你写封信叫她来上海找我吧。”胡萍拿着蒋老板的信就直奔上海而去。当她敲响上海民厚北里40号房门时，开门的正是田汉。他看着这位打扮朴实的姑娘，心里想她一定是从湖南长沙来的，因为她穿着一件红衣服、一双绣花布鞋，当时的上海是没有女人这样打扮的。田汉打开信一看，果真如此。田汉忙给母亲介绍，这是二舅介绍来上海学戏的长沙妹子，祖母也上下一打量后说，这个妹子长得好，好水灵。胡萍非常聪明懂事地叫了一声娭驰，并像孙女一样扶着祖母坐下，她把袖子往上一卷说，娭毑今天我来淘米洗菜做饭，您就不要动。田汉高兴地说："妈呀，今天你来了一个会做事又聪明能干的孙女呀。"

田汉观察了胡萍几天，觉得她现在当演员还为时过早，当演员的基本知识什么都不会，田汉委托顾梦鹤、洪逗、王人美教她学普通话、骑马、开车、游泳、化妆、表演等。好在胡萍还有点文艺基础，接受能力强，反应也快，该学的都学会了。并且她自己也刻苦学习了其他的知识，能写一手很漂亮的字，也学会写点文章。

一个月过去了，田汉觉得她应该去锻炼了，是让她去实现自己的理想的时候了。于是请来了联华电影公司应云卫、导演洪深、电影皇帝金焰等，介绍胡萍与他们认识。由于有田汉的大力推荐，胡萍很快就进入到上海几家电影公司，她前后参加拍摄了电影《海上英雄》《绿林艳史》，又在明星公司拍了《恋爱与生命》《姊妹的悲剧》《烈焰》，在艺华公司拍了《女人》《生之哀歌》《飞花村》《时势英雄》《新桃花扇》《狂欢之夜》。同她演出的演员都是上海的大明星，如金焰、金山、王莹、黎明晖、周璇等。胡萍就在那二三年内拍了如此多的电影，并且电影的上座率又高，电影公司老板很高兴地与她签合同，上海滩上那些美人头的广告都少不了她，在当时也算是一个大红大紫的明星。因为她喜欢穿红衣，红皮鞋，抹大口红，眉毛画得又细又长，大家都不叫她胡萍，而叫"红姑娘"，她的打扮就像美国电影《出水芙蓉》中的主角埃丝特·威廉斯一样美。

正当她风生水起、一帆风顺的时候，有天田汉对她说：

胡萍

“我写了一个剧本叫《夜半歌声》，我和导演史东山商量，准备请你和金山主演如何？”胡萍高兴地说：“我一定不辜负田先生的希望，一定全身心投入，来报答田先生对我的栽培。”在这部电影里，胡萍确实发挥了她的表演天赋，把人物演得入木三分，惟妙惟肖。这部电影上演后，整个上海轰动了，特别是田汉作词的《黄河之恋》《热血》这两首歌更是流传了半个世纪。那时的胡萍在上海滩已是大名鼎鼎的明星了，无人不知，无人不晓。

1935年田汉被捕后，胡萍不忘感恩，她经常去民厚北里看望祖母，送钱送物安慰老人。田汉出狱后，胡萍从上海赶到南京去看望田汉，还在南京、上海两地参加了文艺界为田汉举办的戏剧大汇演。

由于日本发动了侵华战争，风华正茂的胡萍的演艺生涯也到此止步了。1937年郭沫若来到长沙，田汉陪郭沫若去“席草田”看望胡萍，那时看到胡萍正和她母亲两人双双都卧病在床，他弟弟也无力招待大家，实在可怜。半月后，田汉与郭沫若准备去武汉接受党的新任务时，胡萍也跟着去了武汉，在那里她参加了一些抗日宣传活动，田汉这时才发现她已消瘦很多了，精神也不好。患病在身的胡萍最后对田汉说：“田先生，实在对不起了，我的病至今未好，无法坚持工作，我还是想先回长沙治病，你看行不行？”田汉非常难过，心痛地对她说：“我这里还有几块光洋，你先拿着回长沙治病，等我回长沙后再来看你。”当晚胡萍就坐船回长沙，田汉急匆匆赶来，身边还有张曙、辛汉文、李也非等都来送行。

让大家万万也没想到的是这次的告别竟是他们最后一次的见面，胡萍这一走就像石沉大海一样无声无息了。一位大名鼎鼎的女明星从此就再也没有一丝半点消息。1938年田汉和一大批人马来到长沙抗战救灾，虽然战局紧张，田汉还是在一个下午和几个朋友去了“席草田”胡萍的家，只见屋门紧闭，上面挂着一把锈迹斑斑的铁锁，人走屋空了。见此情景田汉感到无比的伤心和难过，他一手培养出来的演员，上海滩的一代名优就此销声匿迹了。后来听人说在重庆见过她，她做了一位国民党师长的姨太太，还有人说她隐姓埋名住在长沙。我父亲说这是不可能的，胡萍喜欢看京剧，解放后我父亲任湖南剧院经理，请来了梅兰芳、张君秋、马连良、盖叫天来演出，那时她一定会来找我父亲，要来看戏的。可是没有一点她的音信。在“文化大革命”中，田汉专案组还专程来长沙找胡萍，想从她那里调查田汉的“罪证”，却没有找到她。胡萍最后究竟有着什么样的结局至今还是个谜。

八　陶行知——真田汉请假田汉流连忘返燕子矶

当年田汉在上海创办的南国社有相当大的影响，《南国月刊》也倾向于革命，引导青年人积极上进，激发青年人去爱国，去争取自由和民主。

有一天，一个身着粗布长衫，脚穿圆口布鞋，戴一副高度近视眼镜的人来家，我父亲忙问找谁。来人说："陶行知来拜访田汉先生。"田汉忙从里屋走出来，非常热情得和客人握手后说："三弟，来了稀客快去泡茶。"然后他俩到屋内谈话去了，宁静的书房不久就传出了他们哈哈不断的笑声。快到吃饭的时候，我父亲进去问还要不要去买点菜招待客人，那客人忙站起来说："今天我还有事要办，下次再来吧。"这时田汉说，三弟，陶先生要买点化妆用品，你带他去戏剧店吧。

我父亲心中暗想，这个乡下人要买化妆品做什么？因为我父亲那时负责南国社的演出，常到店里买化妆品和油彩，与店主很熟。到店后我父亲对老板说："你把化妆品都拿出来，不管外国的还是国产的。”店主忙把进口货都摆出来，有苏联、美国、英国、法国的，陶先生把包装盒都仔细看了一下，上面写的全是外文。他把挑选的放一边，不要的放一边，把挑选的要老板包装起来，然后付钱走人，分手时还用英语对我父亲说了一声“谢谢”。我父亲虽然没学过英语，但在田汉身边也听熟了，望着他远去的身影，看着他一身穷人打扮，心生疑问地想，这是一个什么人呢？在这花花世界的大上海他还一个人敢天马行空独来独往，这么穷的一个人还敢来买外国化妆品？他买这些东西做什么用呢？

回家后他把这疑问告诉了哥哥，田汉听后哈哈大笑起来：“三弟呀，你今天是有眼不识泰山，他是著名的教育家陶行知先生，是美国著名的博士。他是一个爱国主义者。抛弃了美国的舒适生活，回国又拒绝了国民党的高官厚禄，脱掉西装穿长衫，离开上海去乡下办学校，他才是一个真正的男子汉，一个受人尊重的教育家。”

有一天田汉收到一封请柬，里面写的是“南京晓庄师范学校邀请南国艺术学院全体师生来晓庄演出”，字体遒劲有力，笔走龙蛇。田汉非常高兴地说，这是陶先生亲自写的毛笔字，多漂亮。他同时向大家宣布参加演出的几个戏，作好两个晚上的节目，后天队伍准时出发开往南京。三天后大家来到晓庄师范学校时，陶先生安排了一个别开生面的欢迎会。在一个普通的操场上用土垒起了一个舞台，两边立了两个柱子，柱子上挂着一副对联。上联：和马牛羊鸡犬豕做朋友，下联：对稻粱菽麦黍稷下功夫。这表明陶先生主张教育是为农民服务的。首先陶先生致欢迎词：“今天我是以‘田汉’的身份来欢迎田汉。

晓庄师范是为农民办的学校，农民又是晓庄师范的朋友，我陶行知就是一个种田汉，今天我以一个种‘田汉’的身份在这里热烈欢迎戏剧家田汉。”田汉听后感到非常有趣，这样的欢迎词这样的形式他还是第一次遇到。他也灵机一动非常幽默风趣地致答词：“陶先生说他是以‘田汉’身份欢迎我田汉，真是不敢当，我是一个‘假田汉’，陶先生才是一个‘真田汉’，我这个‘假田汉’受到‘真田汉’的欢迎，实在感到荣幸！我们一定要向‘真田汉’学习。”两个人妙趣横生的发言博得了阵阵掌声，成为留传至今的一段佳话。

第一个晚上晓庄师范演出了歌舞节目，内容非常新颖，以表演农村生活为题。接下来由南国艺术学院演出了田汉写的两个戏《苏州夜话》《获虎之夜》。第二天晚上全由南国社演出田汉写的《乱钟》《生之意志》《古潭的声音》《火之跳舞》。演出结束后，晓庄师范全体师生和当地农民都报以热烈的掌声，感谢南国艺术学院带来了精彩的节目。陶行知也非常兴奋地说：“为了感谢大家，我明天带你们去参观一个神秘的地方。什么地方呢？明天再告诉你们。”他的讲话又引起南国艺术学院师生的猜想和激动。

第二天清晨，大家都早早来到操场上集合，田汉与陶先生边走边笑来到大家中间，陶先生把手向学校后面一指说：“大家看到那座山了吗？那是这里最有名的山——燕子矶，今天我就请你们游山玩水去。”大家开始向那座高山出发。田汉历来有三快：走路快、爬山快、写作快。他带着几个年轻人走在最前面，然后沿着山上的小路直奔山顶，当大家都到山上后问田汉，这山上没什么看的呀？一没楼台，二没寺庙。田汉笑着

南国社在南京晓庄师范学校演出时的合影，立者左五为陶行知、左九为田汉

说：“我也是第一次来这里，我们等下听陶先生的介绍吧，他不会无缘无故把我们带到这里来。”

这时陶先生也到山顶了，他摘下高度近视眼镜，一边擦汗一边说，大家别急，我来说个大家都没听过的事情。然后他站在一个小山坡上咳了一声嗽，清了清嗓子，再把长衫扯一扯说：“这个燕子矶原来是无人知晓的地方。可由于这里有一个特殊的环境，它三面向水一望无际，后来就有不少的人都到这里来了，他们不是游山玩水，而是到这里投江。你们沿着小路上来时看见很多石碑上都写了字吗？那不是古人的诗词而是劝人的醒世名言，看这里就刻有‘到此止步’，‘悬崖勒马’，‘禁止通行’。”突然有人喊“这里也有陶先生写的‘想一想，死不得’”。“近几年这里慢慢热闹起来了，有资本家、地主、军官、工人、农民、学生……来这里的人已没有高贵低贱之分了。地主资本家无非是破产了，军官无非是逃脱追杀，工人农民无非是逃避债务，学生无非是对前途和婚姻失望。他们来到山顶，大哭一场后跳入长江葬身鱼腹。他们的表现只能说是生气的弱者，不是英雄。”陶先生润了润嗓子接着说：“每一个人在社会上要经得起风风雨雨，要敢于面对现实生活，轻生的人什么也不值，你们看到的那些警世名言，就是告诉来这里的人要悬崖勒马了，要到此止步了。也有不少人在投江一瞬间看到祖国的锦绣河山、涛涛江水，那自杀的念头一下没有了，他们返身下山去为生存而奋斗，重新做人。”田汉听完陶先生的介绍后也很受感动，他认为每一个人都有过不去的时候，燕子矶是最有说服力的地方。田汉在半个月后还邀请了电影皇帝金山、音乐家冼星海、张曙等重游了一趟燕子矶。

南国社的化妆师辛汉文要结婚了，委托我父亲全权负责，每人收一块五，地点设在上海南京路的和平饭店举行，那时的一块五也不是小数目了。田汉要我父亲去请陶先生，陶先生听说邀请他参加婚礼，非常高兴，问了一下怎么去参加婚礼。听到每人收一块五，陶先生问辛汉文的父亲是干什么的。“工人，他父亲已把家里全部资金二百块光洋拿出来了。”陶先生听后沉思片刻说：“这是破产的婚礼，我不参加了，一个老工人辛辛苦苦一辈子的血汗钱就在一天花费尽光，叫他父母亲如何生活呀？”我父亲问陶先生：“按您的意思呢？”“叫他买点豆浆油条，花生瓜子就可以了，大家唱唱跳跳坐在一起热闹热闹，若动用那二百块光洋我决不去参加了。”结婚那天，果然只收到陶先生的贺信，他人真的没来参加这“破产的婚礼”。这件事后来成了上海一条独特娱乐新闻在民众中流传。

有一天，田汉接到一电话，原来是中国国民革命军司令冯玉祥打来的。1926年，冯玉祥将军正好从苏联考察回来，在上海作短期休息，他看到这消息后问田汉是否确有此事，想要看看陶行知这个人到底什么样，让田汉帮忙联系一下。田汉笑着在电话里说，联系他没问题，不过接待时千万别搞山珍海味，不然他不会来。冯玉祥问他要吃什么，田汉说油条豆浆他准来。陶先生知道后，立即请田汉陪他去拜访冯玉祥。冯玉祥将军说："听说你是美国的留学博士，回国去乡下当教师，我是一个士兵出身，一步一步当的将军，你真的不错，我就喜欢你这种谦虚实在的人。"陶先生说："你才是真正的英雄，因为有你才推翻了封建王朝，亲自把末代皇帝溥仪赶出了故宫，你的功绩是载入了史册的。"冯玉祥将军说："我现在学你脱掉了将军制服，穿上粗布大衣，现在大家都叫我'布衣将军'了。"陶先生说："你是布衣将军，寿昌是布衣作家，我是布衣教师。"三个人不约而同地大笑起来。

陶先生为晓庄师范费尽心思，为活跃学校文艺活动，常跑到上海问田汉要些小剧本去演出。有次我父亲和张曙、辛汉文、廖沫沙去大光明电影院看美国电影《出水芙蓉》，大家都穿着西装，唯独陶先生还是穿着那套粗布长衫，又讲一口地道的南京方言，那守门的服务员把他拦住，不许他进去。这一拦拦出了大问题，陶先生突然站在一张椅子上借此机会开始了他的演讲，他借服务员的行为，大骂国民党政府狗眼看人低，不关心劳动人民死活，压迫人民，人民没有自由和民主，讽刺挖苦那些官僚资本家的丑恶嘴脸，抗议国民党政府的无能。他的演讲引来了警察和新闻媒体，第二天上海很多报刊都刊登了《陶行知大闹大光明》。

那个年代大家都生活在乱世中，都各自忙着自己的事业，特别是“九一八”以后大家更是投入到抗战前线去了。1937年，大家都来到武汉组织了十个抗敌宣传队，4个话剧队，1个儿童剧团，每天早上集合出操唱“班歌”，不久都奔赴到各个战区前线慰问抗日将士。后来武汉又失守，大家匆匆分手告别，在离开武汉时陶先生还在报刊上发表了他的一首诗《赠田汉》：

人从武汉散，他在武汉干。
练习艺术军三千，田汉毕竟是好汉。
喝到最后一滴酒，战到最后一滴血。
中秋敬你酒三杯，化作好戏庆佳节。

1946年，陶先生因脑溢血突然在上海逝世，田汉知道后急赴上海爱棠新邨13号为自己的好朋友、教育家、思想家陶行知先生送行。第二天田汉在上海《大公报》上发表了悼念陶行知的文章《安息吧，伟大的灵魂》。陶行知逝世后毛泽东主席还亲自为他提笔题词：伟大的人民教育家陶行知。

九　徐悲鸿——两肋插刀救田汉　南国办学共患难

田汉年轻时也是一个热血青年，思想活跃，特别爱交朋结友。在他第二次去日本留学时广交朋友，很多诗人、作家、戏剧家、画家都被他视为知己，加上他自己经常在刊物上发表文章和剧本，所以他自己也成了别人钦佩的对象。提起田汉二字，总有不少崇拜者和追随者。回国后住在上海民厚北里，他自己创办了刊物《南国半月刊》，由此又认识了不少青年文学爱好者和作家。

1925年的一天，在日本留学的好朋友宗伯华来告诉他，有一位旅法华人徐悲鸿来上海了，想集资开一个画展。他是法国艺术学院的高材生，这次是经新加坡特地来上海了解情况的。田汉说："我久闻其大名，你看这样好不好？我们以留日学生会名义为他开一个欢迎会怎么样？"宗伯华说一切都听田汉安排。田汉考虑一下说："我还是去找郭沫若商量一下再告诉你吧。"郭沫若住民厚南里，就在马路对面，田汉把这情况告诉了郭沫若。郭沫若听后说，这是个大好事，可惜自己不善交朋结友，这一切还是田汉负责好了，到时自己可以主持一下会议。田汉回家想，以什么名义欢迎呢？以前用过的会议名称有“鱼龙会”“梅花会”“文酒会”，现在上海的十二月正是北风四起，寒气逼人，这次就用“消寒会”吧。田汉又和宗伯华商量开会的时间、地点、邀请人的名单等。

第二天上午徐悲鸿在宗伯华的陪同下来到上海著名的丹桂茶楼，茶楼内顿时掌声响起，一眼望去高朋满座。那天来参加欢迎会的有郑振铎、唐槐秋、宗伯华、卜万苍、郁达夫、洪深、丰子恺、俞振飞、关良及日本作家谷崎润一郎。首先由郭沫若致欢迎词，接下来田汉发表了热情洋溢的讲话，介绍了徐悲鸿的生平和他的杰作，同时表示将大力支持徐悲鸿在上海开画展，为他的画展助一臂之力。徐悲鸿身穿笔挺的西装，胸前扎着花领带，脚穿一双发亮的皮鞋，走上台摸了一下浓密的头发，有点激动地发表了感谢词：“我叫徐悲鸿，是江苏宜兴人，在国外留学多年了。我原以为自己到上海来会举目无亲，没有想到今天在这里会认识这么多兄弟朋友，如同回家的感觉，这一切真要感谢田汉先生大力相助。”

会后，徐悲鸿紧紧地握着田汉的手说：“田先生，虽然我们是第一次见面，但就感到我们如同兄弟一般的亲切，我永远也不会忘记你这位朋友的。如果有缘的话我们还会见面的，今后还在一起。”田汉得知自己比徐悲鸿小三岁，忙说：“悲鸿兄，只要你今后回国遇到什么困难，只要你需要我，我一定会为你赴汤蹈火，我家就是你的家，我就是你的兄弟。”

徐悲鸿在上海的那几天，田汉都陪伴他跑东跑西，田汉也介绍了很多文学艺术界的朋友与他认识，陪他去看周信芳的演出，那短短的几天让徐悲鸿过得非常充实和愉快。由于徐悲鸿的夫人一个人还在法国，徐悲鸿很不放心，他决定还是先回法国安排好家事后再来上海寻求发展。当徐悲鸿启程回法国的那一天，他站在远洋邮轮高处四处观望时，突然看到田汉带来了一大帮人来送行，徐悲鸿感动得双手不停地摇曳，大声喊着："寿昌，再见了，我还会来上海的。"此时的田汉也不顾一切地冲过拥挤的人群，跑到最前面对徐悲鸿大声喊："悲鸿兄，一路顺风！不管你什么时候回来，第一个来接你的人就是我——田汉。"

1926年，田汉收到徐悲鸿从法国寄来的信，说他准备启程回上海了。当外国远洋轮进入吴淞口海港时，田汉早早就带领了一大群文学艺术界和新闻媒体的朋友在此等候。当船一靠岸，邮轮上只见一个头戴礼帽，身穿浅灰西装，打着深蓝色领带的人出现了，在成百上千的人群中他格外的显眼。徐悲鸿急匆匆走下船与田汉拥抱着说："寿昌，我们又见面了，这次我们要好好合作一下。"田汉高兴地和他边走边谈。徐悲鸿与大家见面后说："我这次来上海准备多住一些时间，现在有一位朋友要我住他家里，我先去安排好住宿后就来南国社。"田汉说："好的，你一定要来呀，我母亲还做了一桌饭菜为你接风，同时我还有重要事情与你商量。"这时一辆小汽车停在徐悲鸿身边，司机把他行李搬上车后，徐悲鸿说安顿好后马上就来。

田汉邀请欧阳予倩、周信芳一同去家里吃饭，说有重要事情与大家商量。原来田汉曾应黎锦晖邀请出任上海艺术大学的文科主任，并和黎锦晖、傅彦长、谭华敬、仲子通等人联名在《申报》上刊登上海艺术大学招生广告。没想到开学不久上海艺术大学校长卷款逃走了，学校无法上课。在全校焦头烂额时大家推荐田汉来任校长，由于负债累累，老师和学生又到学校闹事，学校无法正常上课，田汉只好宣布艺术大学关门解散。学校关闭后很多文艺爱好者都不愿离去，这时他与欧阳予倩、徐志摩、郁达夫、孙师毅、朱穰丞商量，自己准备在上海艺术大学基础上来创办一个“南国艺术学院”，学校招生简章大概内容是“要把艺术学院办成一个真正的艺术大家庭，大家写诗、作画、演戏、拍电影，做那些人家不做，而且不愿做的事情。虽然没有钱，没有公家和资本家的帮助，但是这不可怕，无产者就是要这种艺术学院”。这在当时就吸引了一大批献身艺术的青年，如金焰、郑君里、陈白尘、陈凝秋、左明、赵名彝、张曙、吴作人等。所以田汉今天借欢迎徐悲鸿之际特地安排了这次饭局，与他们几位商量如何开展工作。

那天祖母为了支持儿子的工作，亲自下厨做了一桌湖南菜。湖南人只要家里来的客人多，首先会做一个大杂烩，在一个大砂锅里面装一大盆肉汤再放一些肉圆、鸡蛋、粉丝、青菜、油豆腐、香菇……往桌上一摆，又好吃又好看。她还做了红烧肉、清蒸鱼，炒了一大碗辣椒，等徐悲鸿一进屋大家就围着吃起来了。田汉平时是不喝酒的，在无酒不成席的情况下，他也倒上一杯上海黄酒说：“今天一是为徐悲鸿先生回国接风洗尘，二是为我们南国艺术学院发展请大家出谋划策，悲鸿兄这次你回得正好，我们又可以在南国艺术学院开一个美术班了。”大家是边吃边谈，边谈边笑，对祖母做的湖南菜是赞不绝口。饭后大家又坐到田汉的书房，由田汉执笔，大家各抒己见，最后决定成立南国艺术学院，田汉任校长。先办三个系：一个国文系，由田汉任系主任；一个戏剧系，由欧阳予倩任系主任；一个美术系，由徐悲鸿任系主任。我父亲任总务，为学院买东买西。

有一天徐悲鸿对我父亲说，这绘画室太暗了，看有什么办法搞亮点。我父亲把这房子都看了一下说："您别着急，三天后您再来看，保证会给您一个通明透亮的画室。"三天后徐悲鸿来，一看房顶全部换成玻璃瓦了，房内一目了然，清清楚楚。徐悲鸿高兴地夸奖我父亲聪明，说这是他最理想的画室。他每天都要在这房间里作画，还在这里教学生，特别是他在这画室还创作了著名的《田横五百士》和《九方皋》。由于学校还没有模特，他就请南国社的人来做模特，祖母、田汉及我父亲都做了他的模特。当时徐悲鸿在画室作画时把画得不好的丢在一边，我父亲就捡起来装了满满一箱。遗憾的是1937年从上海撤退时，货车在湖南湘潭翻车，画没了，人也差点遇难。这段经历田汉还在自己的日记中有过记载。

正当徐悲鸿在上海安心创作的时候，他的夫人蒋碧薇从法国来上海了，她让徐悲鸿离开南国社，离开田汉。南国社又穷又没有工资，工作受苦受累，强烈要求他和她一道回法国去。还多次来学校又吵又闹，把画室也砸烂，这让徐悲鸿感到无比伤心，影响到他的工作和上课。田汉看到这个情景后语重心长地安慰徐悲鸿："悲鸿兄，你不要为我的事情而影响了家庭，还是回到你夫人身边去吧，今后不管怎样，你都是我的好兄长，我永远会记得你对我的无私帮助。”徐悲鸿也非常难过地说：“寿昌，我真对不起你，没想到她会闹到这里来，我相信我们是患难与共的兄弟，我们还会在一起的。”

徐悲鸿走后不久，由于南国社倾向于革命，有反国民政府的行为，不久就被国民党政府查封了，而且田汉在一个回家的晚上也被中统特务密捕，当即押送到南京监狱。消息传到徐悲鸿那里后，他马不停蹄地又回到上海，通过朋友了解到党组织正在想办法营救田汉，他当晚又急匆匆来到民厚北里见田汉母亲。我祖母含着眼泪对他说：“悲鸿呀，我知道你和寿昌亲如兄弟，你一定要救他出来呀，我们家不能没有他呀。”徐悲鸿望着白发苍苍的老人，看着这一家老小无依无靠，他握着我祖母的手说，不管前面是刀山火海，还是万丈深渊，都一定要救他出来。

第二天，他就坐火车赶到南京，宗伯华告诉他，和他一起在法国留学的同学张道藩目前正在南京担任政府的文化官员，找他可能有用。徐悲鸿知道张道藩一直在追求自己的夫人蒋碧薇，每次徐悲鸿回国时他都在蒋碧薇身边出现，怎么好去向他求情，去向他讨好呢？徐悲鸿在这生死攸关的时刻，为营救田汉，不顾自己的脸面，与宗伯华一道去见张道藩。当时田汉在监狱里背上长了瘤子，已经发炎了，于是张道藩装模作样地说：“看在同学一场，我就给你帮个忙吧，不过你们两人要签字当保！”徐悲鸿、宗伯华签字后，才让田汉保外就医。田汉出狱后徐悲鸿又把他接到家里住，这使夫人蒋碧薇非常不满，并和徐悲鸿大吵大闹：“你为救田汉自己生死不顾，现在又让他在家里白吃白喝，干脆和他去过吧。”然后拂袖而去。

上海文化艺术界为了庆祝田汉出狱在南京和上海两地举行了戏剧公演，上演了田汉翻译的《卡门》《沙乐美》等几个话剧，这演出中的所有布景，房屋建筑和山水花草都是徐悲鸿所画，给演员和观众留下深刻印象，都称赞他一个大画家来画舞台布景真是太伟大了。第二年，徐悲鸿和蒋碧薇离婚，离婚后蒋碧薇和张道藩就去了台湾。虽然蒋碧薇的离去使徐悲鸿有所伤心难过，但这并没有摧毁他的意志，反而让徐悲鸿更全心全意投入到创作中去了。后来他在学生中遇到一个长沙籍的女学生，名叫廖静文，两人相爱，结为了夫妻。1953年徐悲鸿病逝，廖静文将徐悲鸿的1200多幅藏品全部捐献给国家，并建立了徐悲鸿纪念馆。

解放前夕，田汉受周恩来的委托，在一个风雨交加的夜晚乔装打扮进了北京城。他首先就来找徐悲鸿，把党中央的精神和即将要解放北京的消息告诉了他，徐悲鸿听后非常激动，感谢田汉对他的信任，在那几天他都陪田汉冒着国民党军队的枪炮声，躲避警察的盘问，走访了很多名家学者，劝他们不要离开北京去台湾，要大家联合起来迎接解放军进北京城。

在第一届政协会议上评选国旗国歌时，徐悲鸿第一个建议把《义勇军进行曲》作为国歌。当时有人说，“冒着敌人炮火前进”已经过时了，最后还是周恩来总理说，我们要居安思危，敌人还没有消灭。最后经政治协商会议全体通过将《义勇军进行曲》作为代国歌。从那天起，《义勇军进行曲》就成了中华人民共和国的国歌，徐悲鸿在决定国歌的决议上有不可磨灭的功劳。

徐悲鸿画了一辈子画，一直想要田汉在他的画上题字。有天他画了一幅《怒猫图》，猫睁着两只闪闪发亮的眼睛，猫须直如利锥，微张巨口，欲上前捕捉鼠状。拿给田汉观看，田汉赞不绝口，问徐悲鸿这上面可以写字吗？徐悲鸿笑着说，这就是留给你题字的，田汉沉思片刻笑着说，那我就不客气了，如是挥毫写下：

已是随身破布袍，
那堪唧唧啃连宵。
共嗟鼠辈骄横甚，
难怪悲鸿写怒猫！

十　郭沫若——少年立下鸿雁志 双双都成国宝人

1916年，田汉在日本东京高等师范读书，业余时间喜欢写诗写文章。他发现上海有一个《时事新闻》的副刊《学灯》向海内外征收文稿，田汉就写诗投稿过去，没想到他的诗稿都刊登出来了，这激起了田汉对写作的极大兴趣。负责《学灯》的编辑宗伯华告诉田汉，在日本留学的还有一位也爱好写诗，而且他的诗更奔放更激情，他叫郭沫若，并推荐给田汉说，是像他一样的朋友，一个东方未来的诗人。并建议田汉与他联系，两人可以做一个诗伴，更可以了解郭沫若的为人和诗才。

通过宗伯华的牵线搭桥，田汉与郭沫若很快就联系上了，他们三人经常通过书信来往成了未见面的知心朋友。田汉是诗坛新秀，郭沫若是天才诗人，他们有着共同的爱好和理想。田汉在东京读书，郭沫若在福冈学医，田汉为了认识郭沫若，从东京又是坐船又是坐车，花了二天的时间才到福冈。田汉刚下汽车一眼就看到一个瘦高个儿，戴着一副眼镜，穿着中山装的郭沫若，两人一见如故，谈笑风生。

福冈是一个四季如春的城市，交通发达，人口众多，普遍都是独家独户的木板建筑，房屋四周都是小桥流水，清新自然。郭沫若把田汉带回他的小家，他太太叫佐藤，郭沫若给她取了一个中国名字“安娜”。她原是医院的护士，因为郭沫若的才华吸引了她，她不顾家庭反对坚决和郭沫若生活在一起。田汉正是趁着日本春假来福冈的，福冈到处都盛开着美丽的樱花，有红的、白的、粉的，美不胜收。郭沫若和田汉穿着中山装漫步在花的海洋之中，他们谈理想、谈诗歌、谈哲学、谈婚姻、谈戏剧。有时两人走进日本的小料理店喝点清酒，吃点烧烤，享受一下自由自在的生活。晚上两人还去泡温泉，泡在水里，仰望天空。看到天边的流星划出了一道星光马上就消失在黑暗中，他们发出共同的心声：不做短暂的流星，要做永恒的彩霞。他们互相欣赏对方的才华和理想，郭沫若兴奋地说，两人要共同努力，将来要做中国的歌德与席勒。田汉说：“对，我们要做中国未来的诗人。”他们一边说，一边各自摆出了歌德与席勒的雕像。

时间过得真快，田汉在郭沫若家不知不觉住了七天，郭沫若并不富裕，他和安娜过着相当朴实的生活。田汉只觉得与郭沫若相识恨晚，意犹未尽。田汉要走了，郭沫若伤感地流下了眼泪，紧握田汉的双手依依惜别说：“我们要做永远的朋友，为我们这次在福冈讲的理想去奋斗！”田汉心领神会地说：“这次福冈我没有白来，认识你我非常荣幸，以后不管我们走什么样的道路，我们永远是好兄弟。”

田汉的舅舅易象被军阀赵恒惕枪杀后，他只好带着怀孕的妻子易漱渝回到上海，住在哈同路民厚北里。为了照顾妻子，田汉写信到长沙，要母亲和弟弟来上海共同照顾漱渝。没想到，第二年郭沫若带着日本妻儿也来到上海，非常巧合的是他家住民厚南里，与田汉家只隔一条马路。田汉当时在中华书局当编辑，郭沫若在泰东图书局当编辑，有空时两人经常在一起喝茶聊天，有时还邀上几个日本朋友在一起坐坐。日本朋友夸奖田汉的日本话是最标准的，说漱渝的日语像清泉流水一样好听，说郭沫若的日语像诗一样的美。日本朋友走后，祖母好奇地问田汉，大家都是讲日语还有什么区别吗？田汉笑着对母亲说：“我是在日本东京读书，东京是日本首都，代表正宗的日语，所以我的日语是最标准的。漱渝讲日语比较清秀，而且嗓音又好听。郭沫若他就喜欢把中国的唐诗宋词加进去，所以他讲日语更显得有诗意。”

每天祖母都要去买菜，在菜场总要碰到郭沫若，祖母说：“郭先生呀，这买菜是女人做的事，你一个大男人要去做大事，可以让你太太出来买菜呀。”郭沫若红着脸小声地说：“太太是一个日本人，不会讲中国话。”祖母又说：“你两个儿子应该算中国人吧，你教他们讲中国话呀。”郭沫若连声道，是的是的，要学中国话，说完他不好意思地赶紧走开了。有一次田汉的儿子田海男生病了，高烧不退，祖母知道郭沫若在日本是学医的，忙请他来给海男看病，郭沫若经过一番检查，最后得出的结论是脑膜炎。这一句话吓得大家惊慌失措，田汉四处求医，最后请老中医来家检查，看了三天中医，第四天海男就活蹦乱跳了。一个星期后郭沫若陪日本朋友内山完造来家拜访田汉。祖母开玩笑地对郭沫若说：“郭先生，你这次没有讲中呀，害得我家不得安宁。”郭沫若推了推眼镜，擦着汗说：“罪过呀罪过，这次失手了，下次再不会这样了。”祖母紧接着说：“还有下一次呀？”“没有下次了，没有了。”在场的人都哈哈大笑起来！不久，郭沫若又带着妻儿回日本去了。

1937年日本全面侵略中国，上海沦陷，田汉只好带领全家人回到长沙。好在二舅蒋寿世在长沙开了个咖啡馆，他见田汉一家老小都来了，赶紧把二楼一间大房子给田汉住。跟随田汉来长沙的还有廖沫沙一家、音乐家张曙、记者熊若兰等十多人，田汉要二舅想办法帮他们找房子，自己和弟弟就住在二楼。当时长沙也是一片混乱，工厂停工，学校停课，民不聊生。见此情景，田汉又想到要办报来安定民心，唤起人民团结起来共同抗敌。于是他与二舅商量，二舅说现在长沙人心惶惶，都准备外出逃难，谁还有心看报。但田汉到长沙的消息不胫而走，很快长沙的几个大学就邀请他去讲课，也有不少知名

右起：田汉、周信芳、冯乃超、郭沫若、许广平、于伶，在鲁迅墓前

人士来拜访，特别是湘剧艺人更是天天围着他寸步不离。

有一天，田汉住处门前来了一辆汽车，从车里走下一位军人，他把一封信交给二舅说请代交田汉先生，二舅一看信封是长沙警备司令部，他忙送给田汉。田汉看信后，激动得拍案而起，说省主席张治中将军下午请田汉去他府上。下午果真汽车又来，把田汉接走了。原来长沙警备司令部的司令张治中，是田汉在上海大学教书时的学生，他听过田汉的课，非常敬佩和崇拜田汉。听田汉来长沙了，所以一定要拜见。见面后田汉把自己的打算告诉了他，对张治中将军说："现在长沙兵荒马乱，亟需唤起人民大众共同来抗战，我想办一个《抗战日报》来鼓励人民团结抗战。"张治中将军听后二话没说大笔一挥，批给了田汉一些大米和钱。解决了田汉的温饱问题后，又为报刊提供经费。

正当田汉不顾自己生死在长沙发动抗战救亡运动的时候，来了一位不速之客。二舅把客人带到二楼办公室，只见来人把礼帽一丢，皮箱一放，激动地高声大叫一声："寿昌，我终于找到你了。"田汉放下手上的毛笔，抬起头来一看，啊，郭沫若！两人紧紧拥抱。接着田汉忙向办公室的同事们介绍，这位是大名鼎鼎的诗人郭沫若先生。田汉问郭沫若是怎么从日本回国的，郭沫若没有讲逃出日本的经过，只讲他是坐船到香港，再坐车到广州，再到长沙。田汉这时对二舅说，赶快通知"李合盛"的老板，今晚请客，要他们多准备点菜。在场的廖沫沙、张曙、罗金平、胡萍、蒋寿世、熊友兰兴奋起来，大家都说，托郭先生的福，我们好久没去"李合盛"吃饭了，今天大家要饱餐一顿。"李合盛"是长沙有名的一个老店，以做牛羊肉而闻名，老板都认识田汉，知道田汉喜欢吃牛百叶、大蒜辣椒炒牛肉。只要是田汉来吃饭，老板都亲自下厨，菜的份量也多一些。这次田汉要了两份牛百叶，猜想郭沫若一定会喜欢吃，还要老板多放点辣椒，因为郭沫若是四川人，结果郭沫若还说湖南辣椒不辣，没有四川那种麻辣味。由于郭沫若当时名气太大，郭沫若来长沙的消息很快传开，住在北门留芳岭的教育家曹如壁和夫人很快也找到“李合盛”来了。田汉介绍郭沫若与他们认识后，突然想起郭沫若今晚还没有住处，曹如壁夫妇在留芳岭有一个公寓，房间有富余，并且曹先生还热烈欢迎郭沫若先生到他家去住。田汉对郭沫若说：“今晚你就到他家去住，明天上午我再来接你。”

郭沫若走后，田汉马上把报社的全体工作人员叫到一起，要大家尽快通知长沙教育界、文化界、音乐界、戏剧界、新闻界及各个大学，准备在长沙开一个欢迎郭沫若先生的大会。田汉连晚在《抗战日报》写了一篇欢迎郭沫若的诗：

十年城郭曾相识，
千古湖南未可臣。
此处尚多雄杰气，
登高振臂待诗人。

有一天，朋友请田汉和郭沫若到“黄春和”吃粉，这店也是长沙的名店，汤又鲜、粉又软、肉丝又香，两人把粉吃得干干净净。他们在店里面吃粉，店铺外面却围了很多人，大家争先恐后都来看中国两个大名人在“黄春和”吃粉。吃完后田汉说附近有一个开福寺，一起去敬拜敬拜。田汉和郭沫若都与和尚、道士有缘分和交情，在他们去的路上偶遇一位老人，那人满头白发、眉目传神，一身仙风道骨的打扮，手上还拿着招牌，上面写道“本人陈半仙，不灵不收钱”。郭沫若开玩笑地随便问一声：“你真的灵？”陈半仙眼望来人一下，用长沙话说：“不灵不收你一分钱。”田汉在旁边说：“来，抽一个，看他灵不灵。”郭沫若把手放在竹筒里圈一圈并挑选了一个签，他打开一看上面写道：

孔明借箭，只限三天，
一桩好事，就在眼前。

陈半仙满脸微笑地说：“先生，这是一个难得抽到的签，三天之内有好事降临于你，恭喜恭喜。这是个上上签，你要多给点钱才是。”然后他又把签筒拿到田汉面前，让田汉也来一个。田汉顺手也抽出一个签，打来一看，上面写的是：

有鬼有鬼，总是碰鬼。
拖的拖脚，扯的扯腿。

这下陈半仙的脸一下由晴转阴，他知道这是个下下签，非常不吉利，只见他摸着胡子，笑眯眯地说：“那位先生的运气比你好，他会一帆风顺，升官发财，你就没他命好，你今后要处处小心，总会有人要害你。日本侵略中国，他们就是鬼，你现在在抗日救国，你就是打鬼英雄，日本鬼子走到哪里，你就会打到哪里。”田汉哈哈大笑道：“对，我就要做一个打鬼英雄。”

回到报社，大家听到田汉抽的签不好，都沉默不语，好像有种不祥之兆。世上也真的是有无巧不成书的事，三天后，果然有一女人从武汉来长沙找郭沫若，她就是郭沫若的夫人于立群。郭沫若见到她后高兴得心花怒放，说这个陈半仙真灵，一桩好事就在眼前，真的是好事来临。于立群说她是受周恩来指示来的，要你和田汉速去武汉，接受党的新任务。在欢送郭沫若的晚会上，郭沫若发表了长篇讲话。他风趣幽默，口若悬河，他说：“首先感谢田汉及各位同仁，让我在长沙这20多天里过得非常开心和愉快，游览了长沙古城，观看了湖南湘剧，吃遍了长沙各种小吃和名店。”然后在欢声笑语中，他开始讲他在长沙遇到的笑话了，他说：“我住在‘留芳岭’，一个非常美丽又好听的地方，但是你到那里一看，一没芳，二没岭，只是一个典型的贫民窟，那地名是起得非常好听的，很富有诗情画意，不知道是哪位先辈起的名。”他说自己喜欢吃凉薯，常在《抗战日报》的楼下买凉薯吃，他第一次一角钱买了4个，第二次一角钱只买了1个，他说卖凉薯的欺负他是外地人。卖凉薯的人气得说：“一角钱只能买4个小的，今天你拿的是最大的一个。”他这才知道是按大小卖的，不是按个数。他还说，长沙的饭店有三大特点，首先是桌面大，二是筷子长，三是汤勺大，这是长沙人的三大发明，这三大发明给他留下了深刻印象。再就是跟田汉出去吃饭是不用带钱的，饭店老板都认识他，可以赊账，田汉在长沙如此受人爱戴，众星捧月，这都离不开他与人民大众建立的友谊和亲情。郭沫若这次在长沙请他吃饭的也不少，而且有的老板请他们吃饭时就准备

1940年，田汉（右三）与郭沫若（右五）、吕霞光（右一）在重庆

了文房四宝，一定要请他们题字留念。盛情难却下只好挥毫弄墨，他俩写字是又快又好，一挥而就，令周围的人佩服不已。旁边的服务员非常惊讶地说："看他们写字比我们扫地还快。"老板等墨汁一干就往墙上一挂，供人参观，从此每天来饭店吃饭的顾客猛增，名义上是来吃饭，实际上都是来欣赏两位大师的墨宝。

三天后，郭沫若、田汉一行数十人赶到武汉参加政治部三厅工作。几个月后，田汉又随周恩来、叶剑英返回长沙，在长沙开展抗战救灾工作。

新中国成立后，郭沫若职位高了，地位变了，他前后担任了全国政协副主席、政务院副总理、中国文联主席、中国科学院院长。田汉则担任了文化部艺术管理局局长、中国戏剧家协会主席。虽然地位不一样，但是他们都留下了不少精品。郭沫若创作了话剧《屈原》《虎符》《武则天》，田汉创作了《白蛇传》《追鱼记》《西厢记》《文成公主》《关汉卿》《谢瑶环》《三个摩登女性》等。

田汉一生可以说是为戏剧而生，他的作品给人民大众带来了无限的喜怒哀乐，爱恨情仇。正当他65岁时，“文化大革命”爆发，他的创作和生命基本上到此都划上了句号，68岁的他静悄悄地离开了人间，没有留下骨灰。虽然他离开人间很多年了，可是至今人民都还在怀念他，纪念他。1970年，当时大家都不知田汉的生死存亡，我父亲给郭沫若写去一封信，询问哥哥田汉的下落。不久我父亲收到由中国科学院寄来的一封信，在我父亲原信上的空白处写了几个字：“可能68年去世，其他不知。”田汉逝世十年后，郭沫若也离世而去。都说人生如戏，戏如人生。田汉与郭沫若两个人的一生就如一场戏，功与德，名与利都展现在人间。在中国现代史上，郭沫若和田汉都是值得描述的人物，虽然两个人都是文人，可是两个人的结局却不一样，他们有各自的优点和特长，也形成了各自的人格和秉性，他们的人品和作品为历史提供了耐人寻味的范本。

十一　廖沫沙——同是长沙东乡人　一代文豪呈双雄

1980年的冬天，首都北京城已是白雪皑皑，寒风刺骨。当夜幕降临、华灯初上的时候，整个北京城里已是路无行人。此时全国人民最关心的头等大事就是看审判“四人帮”，中央电视台预告当晚要实况转播审判“四人帮”之首的江青，劳累了一天的人们都早早地坐在黑白电视机前观看这珍贵的历史镜头。

审判开始，最高人民法院院长江华在江青不认罪的情况下，用庄重威严的口气宣布旁证人廖沫沙出庭作证。这时电视台摄像机转向入口处，只见一位身穿蓝色中山装，头戴蓝色中山帽，扶着拐杖的老人慢慢走到旁证席，他就是在“文化大革命”初期被批判的《三家村夜话》的作者之一廖沫沙，同为作者的邓拓、吴晗两人在“文化大革命”中逝世了，现在只留下九死一生的他了。廖沫沙坐好后，用手推了一下自己的眼镜，直视坐在对面不远的江青说：“江青，你还认识我吗？”

江青还是用那蔑视的眼光望了一下廖沫沙，立刻把头一转不予理睬，这一下激起了廖沫沙的愤怒，“江青，你不认识我吗？我可认识你，你就是30年代的蓝苹”。这时江青瞪着眼睛对他说：“你没有资格和我讲话。”被“四人帮”关押八年之久的廖沫沙几个月之前刚刚才从江西回到北京，他再也忍不住心头的怒火，大吼一声：“江青，30年代你从北京跑到上海来避难，就住在田汉先生家里，我们那时天天在一起，你不会忘记吧？”江青把头一转眼睛一瞪，咬牙切齿地说：“我不会与你们这些修正主义分子讲话。”这时全场一片哗然，引起了一阵嘲笑声。

廖沫沙，湖南长沙人，他家离田汉老家果园乡不远，1920年他与田汉的弟弟田沅同在槼梨高小读书，而且还是同班同学，情同手足。那时田汉在长沙师范学校读书，祖母和我父亲都租住在长沙北门五家岭陪伴田汉，而田沅就寄托在果园乡的外婆家生活，让他在附近的学校读书。1925年，田汉的第一任妻子易漱瑜病死家乡，田汉含悲忍泪带着一家老小离开了这不堪回首的地方，去上海谋求生活。那时全家人全靠田汉一支笔来维持生活，家里生活稍微稳定后，田沅就从上海写信给廖沫沙，要他也来上海读书。当时廖沫沙在长沙带头领导学生参加政治运动，参加游行示威，正是警察局要抓捕的对象。收到田沅来信后，他立即回家告诉父母要去上海，他母亲坚决不同意，而父亲知道廖沫沙再不走就会被捕，偷偷地给了他十块光洋，叫他即刻乘船，于是廖沫沙像脱缰野马般直奔上海。船到上海时田沅早就在等候着他，然后把廖沫沙直接带回家，见过哥哥田汉、田洪后又去拜见祖母。祖母见来了一个长沙伢子，长得也白净老实，高兴地说：“那他就做我的满伢子算了。”（满伢子，湖南人称最小的一个儿子）廖沫沙反应极快地上前扶着祖母喊了一声：“妈妈吔，你的满崽来看你哒。”从此以后，廖沫沙白天去上海艺术学院上课，做旁听生，晚上就和田沅睡在一个床上。

那时候田汉正在艺术学院当系主任，廖沫沙天天坐在后面听田汉讲中国文学。廖沫沙很好学，读书也认真，也喜欢写文章，上海很多报刊杂志也都发表了他的文章。田汉非常喜欢他，还经常帮他修改文章，指导他如何写作。廖沫沙写的散文《燕子矶的鬼》就放在《南国月刊》上发表，这对廖沫沙今后在写作上起了很大的促进作用。在田汉的帮助和推荐下，廖沫沙去上海明日书店《远东日报》担当编辑。他还当田汉的助手为《南国月刊》做了很多工作如收集稿件、校对文章、排版制作等。田汉见他什么都学，什么都干，而且干得都很好，总是夸奖他将来一定会是个有出息的满弟。廖沫沙天生也是个拿笔杆子的人，也像田汉一样坐下来就拿笔写东西，他对唱歌跳舞兴趣不大，不过每次南国社演出他都去凑热闹，去帮大家搬道具和拿东西，是一个彻头彻尾的热情观众。

有一次洪深对侮辱中国人的美国电影提出抗议，要到电影院禁止影片上演，特地到南国社找田汉帮助，田汉派了张曙、金焰、我父亲和廖沫沙去保护洪深，看洪先生大闹电影院。当时廖沫沙个子又矮，力气又小，洪深给他一支手电筒说：“你进电影院后，只管用手电筒照着我脸就行了，让观众能看到我讲话，别的事你就别管。”大家冲进电影院后，廖沫沙就跟着洪深先生跑，洪先生站在椅子上演讲，他就用手电筒照着洪先生的脸。在大闹电影院时洪先生被几个外国巡捕抓到办公室，而且准备把他送去警察局，当时在场的观众把办公室门围起来，大家站在办公室门外高声喊“放人，放人，放人”。洪先生也用流利的英语在里面向巡捕进行严正抗议和据理力争，最后洪先生从办公室雄赳赳地走出来说：“我们胜利啦，这部电影从现在起禁止在上海上演了。”电影院里面掌声四起，有人高喊退票。事后廖沫沙说：“我这个人生来胆子就小，通过这次活动，我胆子大了，以后有这样的活动我还要参加。”

有一天电影演员魏鹤龄和俞珊带着一个女人来到南国社，她叫李云鹤（即江青），刚从北京来上海，无亲无友，无依无靠。田汉见她虽然长相一般可是口才灵利，思想也进步，就答应让她先在家里暂住，以后再给她介绍工作，同时要弟弟田沅和廖沫沙负责陪护着她。几天后把她介绍到陶行知开办的晨更工学团去工作，在沪西郊北新泾镇识字班当教员。她工作非常积极，同时还参加了共青团和左翼教联，而且还积极参加业余剧团的话剧演出，给田汉留下了好印象，于是要田沅带她去明星电影公司、联华电影公司、电通电影公司、百代唱片公司去参观学习。李云鹤很聪明，她很快就和导演及主演搞得很熟悉了，她利用田汉的关系参加拍摄了5部电影，在电通公司拍了《王老五》《都市风光》，在联华公司拍了《自由神》《狼山喋血记》《联华交响曲》。她也将“李云鹤”改名为“蓝苹”。她认为田汉那时还是看不起她，没有让她参加田汉的任何一部电影拍摄，由于这个原因才导致了田汉在“文化大革命”中遭到了被迫害的命运。

1937年上海沦陷，田汉又带着一家老小，从上海回到长沙，跟随他来长沙的还有廖沫沙一家、音乐家张曙、化妆师辛汉文、记者熊友兰等七八个人。长沙那个时候是工厂关门，学校停课，战火纷飞，人心惶惶，田汉看到此情此景悲痛万分，他毫不犹豫地把随行人员全部组织起来，白手起家在长沙创办《抗战日报》，由廖沫沙任总编辑，蒋寿世、罗金平、黄芝冈等人协助他工作。廖沫沙在当时被新闻界称为“快枪手”，每天要写很多文章和评论，他一心扑在工作上，没有时间回家关心爱人和孩子。突然有一天有人来办公室报信，说廖沫沙的妻子和孩子都在家去世了，这消息如五雷击顶，使廖沫沙悲痛欲绝。田汉边安慰廖沫沙边组织大家帮他办理后事，祖母也亲自为他妻儿换衣换鞋，将他的妻儿埋葬于长沙郊外。不久田汉与郭沫若去武汉接受新的任务，长沙的《抗战日报》由廖沫沙全权负责，他化悲痛为力量，发愤写作，用笔当刀枪，揭露国民党政府的腐败无能，号召全体长沙劳苦大众团结起来共同抗战。由于国民党政府控制不住长沙当时的局势，在日军还没有打到长沙城时就自己慌了手脚，警备司令部的士兵一把火把整个长沙城都烧得一干二净，周恩来、叶剑英、郭沫若、田汉、廖沫沙等一大批人又从湘潭返回长沙来参加抗战救灾工作，在浓烟滚滚的焦土上重建新长沙。不久日军又逼近长沙，成千上万无家可归的老百姓都向广西桂林撤退，到达桂林后廖沫沙又在《救亡日报》担任编辑。

1945年日本投降了，我父母组织的“中兴湘剧团”也准备返回湖南，在他们动身前田汉还特地写了一首诗给我母亲陈绮霞：

添得明珠掌上金，
壮怀如火别山城，
歌喉每日勤磨练，
好为人民吐不平。

田汉写完后正准备盖章，这时廖沫沙进来了，田汉对他说：“你三嫂子要准备回湖南去了，你赶快写点东西送她。”廖沫沙沉思了一下，边想边说那就写几句话送她，田汉哈哈大笑说：“随便你写都可以，但是一定要夸奖你三嫂子，不然三哥会找你算账的。”廖沫沙连连点头说：“那当然呀，三嫂子是一家之主，家里这么多人吃住，自己还要演戏，真的不容易啊。”于是廖沫沙铺好纸，润好墨，对田汉说：“大哥，那我动笔写了。‘你在舞台上是一个聪明美丽的演员，你在家里是一个朴实贤惠的主妇，二者不可得兼，而你则兼而有之，可算得上是新中国的新女性。’”写完后他遗憾没有带图章，田汉笑呵呵地说：“没带不要紧，我帮你刻一个。”田汉挑了一支小楷毛笔，点上红墨水，在廖沫沙签字的旁边又写出阳文“廖沫沙”三个字，不细看还真分不出是写出来的章。

中华人民共和国成立后，廖沫沙先后在北京担任了市委宣传部副部长、统战部副部长、政协副主席和全国政协委员。后来他带病来参加了田汉骨灰安放仪式和八宝山追悼会，还参加了我祖母追悼会。在追悼会前遇见我父亲，劫后余生，往事历历，两人老泪纵横。廖沫沙擦掉眼泪说：“三哥，我们终于活下来了，老大他真的是死得好冤呀。等我身体好点我一定还要回长沙，我们一起去老家看看！”两位老人使劲握着手说一言为定。1982年春，廖沫沙写信给我父亲，而且还在信中写了一首他怀念田沅的诗：

六十年前共切磋，
京华重见叹沉疴，
平生风义碑文在，
魑魅虽狂竟不磨。

他告诉我父亲说清明节将和妻子女儿一道来长沙，还想按原计划与我父亲一道回长沙县老家去看看。谁知他来长沙的消息走漏了风声，那天省委宣传部、省文联、省文化厅、省作协大大小小官员都去车站迎接，又陪他去了韶山毛主席故居和宁乡刘少奇故居，在韶山住了一晚，第二天早上服务员告诉他，那是毛主席睡过的床，他听后哈哈大笑说：“这次回长沙值得了！”

十二 金 山——江山辈出英雄在 一代豪杰看金山

金山，一个多么响亮的名字，一个影响了一代人的中国电影人。他是原中国戏剧家协会副主席、中央戏剧学院院长、著名电影艺术家，旧社会被称为中国的话剧皇帝。他出身湖南沅陵，原名赵默，人长得漂亮潇洒，风度翩翩，而且谦虚好学，思维敏捷。

上世纪20年代他只身来到上海，学画、学诗、学表演，但都没有找到他发挥才华的地方。他听朋友说上海有一个南国社，那里云集了很多思想进步的青年人，也是全国文艺青年的活动场所，所以他要朋友顾梦鹤带自己去看看南国社。那天南国社的学员正在排练田汉的剧本《苏州夜话》，他们的演出深深地吸引了他，金山在旁边津津有味地看着。排练完后大家都休息时，顾梦鹤说今天带来了一个朋友，也非常喜欢文艺，现在请他表演一个节目。于是金山在大家的掌声中走到中间，很大方地朗诵了一首莎士比亚的诗，他那宽宏雄厚的嗓音让在书屋里写文章的田汉听到了。田汉在日本留学时就翻译过莎士比亚的作品，对莎士比亚的作品非常熟悉。这时田汉悄悄地走出来站在旁边看他朗诵，他朗诵完又有人要他唱一首歌，金山笑着说我唱段京剧《武家坡》薛仁贵的几句吧，他润了一下嗓子唱道“一马离了西凉界”，嗓音宽宏高亢，京味十足。人群中突然从后面传出了掌声，大家回头一看原来是祖母在带头鼓掌，她说：“唱得好，我喜欢听，这个伢子不错，今后一定有出息。”田汉也很欣赏地说：“不错，不错！”金山快步走到田汉面前：“田先生，你好，我早就听说过南国社了，就是找不到你呀。”田汉说：“今天找到了，你就可以天天来呀，我们大家都会欢迎你的。”周围发出了一阵热烈的掌声。从那一天起，南国社成了金山天天来的地方，他在这里学表演，学唱歌，学诗歌朗诵。田汉发现他聪明好学，像周信芳先生教大家学戏，洪深先生讲导演知识，他都很认真地听，而且自己也在台下认真模仿。有一天金山不好意思地对田汉说：“田先生，谢谢你对我的培养和厚爱，我现在还年轻想到外面去闯闯，可能要离开南国社了。”田汉听后语重心长地对他说：“出去闯一闯是件好事，你记住南国社永远是你的家，你遇到什么困难可以随时来找我，你也是我最喜欢的一个演员。”

金山虽然出身富商家，却因父亲去世过早，继父又对他很不好，所以十几岁就来上海自谋生路。由于他聪明好学，又一表人才，因此很多人都器重他。他也爱交朋结友，在国民党和共产党的朋友都认识不少，他表面上帮国民党做事，当政府官员的秘书或代表，晚上却偷偷向共产党的组织汇报消息，北京的和平解放他就是有功之臣。后来他的共产党员身份公开后，国民党官员大吃一惊，连喜欢他的张治中将军都说：“金山真是一个好演员，表演得太逼真了，在这么多年的交道中我一点都没有发现他是一个共产党员。”有的国民党政要说难怪保密文件上午还锁在抽屉里面，晚上共产党的机关就知道了，原来是金山在暗中传出去的，真的是深藏不露。

金山是一个好演员，他很早就在明月影片公司拍摄了电影《昏狂》，后又在新华影业公司拍了《长恨歌》《钦差大臣》，他最为出色的表演是在田汉写的《夜半歌声》中，扮演男主角宋丹萍。在电影里他把宋丹萍的悲愤、痛苦、渴望、无奈表演得淋漓尽致，惟妙惟肖。这个人物与观众产生了强烈的共鸣，让每位观众都带着愤怒和流着眼泪走出剧场，特别是电影中的三首插曲《热血》《黄河之恋》《夜半歌声》把电影衬托得更加完美，影响更大。金山也因《夜半歌声》的上演让他“一夜成名天下知”，以前他拍的电影、演出的话剧都没有让多少人记得他名字，就是这《夜半歌声》让中国的观众记住金山整整半个世纪。与他配戏的女主角是湖南人胡萍，她也是因为《夜半歌声》的上演很快地成为了上海的超级明星。金山、胡萍、田汉三个湖南人共同创作的《夜半歌声》是中国电影史上的一部经典剧作，至今享有盛名。

中华人民共和国成立后，金山担任了中国青年艺术话剧院副院长，他曾在由苏联小说《钢铁是怎样炼成的》改编成的话剧《保尔·柯察金》中扮演了保尔。那个时候中国正需要这样的热血青年献身于祖国，全国各条生产战线上的青年都在向保尔·柯察金学习，到祖国最困难的地方去，到祖国最需要的地方去。他的表演影响了一代中国年轻人。

左起：金山、田汉、赵一山

1958年北京正准备修建十三陵水库，毛主席、周总理等党和国家领导人都去十三陵水库参加劳动锻炼，是当时中国的一件大事，金山怎么会放过这次重大活动的机会呢？他想应该用艺术来歌颂祖国，赞美祖国。他立即去细管胡同拜访田汉，请田汉在水库大坝落成之前为中国青年艺术剧院写一个歌颂十三陵水库的剧本，盛情难却的田汉说先到十三陵现场去看看。田汉来到工地上，就被眼前那热火朝天的劳动景象，你追我赶的动人场面所感动，对身边的金山说："好，我一定要完成这一伟大的历史任务。"第二天就在工地上采访劳动模范和英雄人物，还收集了很多可歌可泣的好人好事。田汉在工地上写，在车上写，在家里写，金山就在田汉身边等。田汉写完一场戏，金山就把这场戏的剧本拿到剧院排练，田汉写一场他就排一场，田汉大概用了几个月的时间终于在大坝落成前把剧本写完

田汉陪同周恩来、贺龙一起观看话剧《文成公主》后，慰问演员

了，金山也日以继夜地加紧排练。在国庆前夕，由田汉编剧，金山导演，中国青年艺术剧院终于在大坝完工庆祝大会上公演了多幕话剧《十三陵水库畅想曲》，后来又拍成了电影在全国放映。

1959年西藏的叛乱被党中央及时镇压。为了尽快地恢复藏汉两地的关系，周恩来总理与田汉商量，希望他尽快写一个宣传赞美藏汉两家的友谊和亲情的剧本，争取在建国十周年向党献礼。田汉接此任务后翻阅了大量的历史资料，也拜访了几位历史学家，不分昼夜，冒着酷暑，在自己那间不大又不透风的书房写作，写完后又反复检查修改，最终将话剧《文成公主》交于中国青年艺术剧院。此剧又是由金山导演。按周恩来总理要求，气势要庞大，场景要恢宏，服装要秀丽，群众演员阵容要强大，要突出文成公主不远万里远嫁西藏的爱国精神，也要突出西藏人民的友谊和热情。

周恩来总理、贺龙元帅与田汉、郭沫若等观看话剧《文成公主》后与演员们合影

在1959年建国十周年的国庆节之夜，话剧《文成公主》终于在首都北京上演了，演出盛况空前。之后久演不衰，周恩来总理多次陪外宾观看演出，中央领导陈毅、贺龙、郭沫若等都上台接见过全体演职人员。周恩来总理对田汉说："你完成了党和国家交给你的光荣任务，为藏汉两地人民的团结和友谊做出了贡献。"周恩来总理也夸奖了金山，认为这是金山导演得最成功的一个戏，舞台上的布景、服装、音乐都比想象的还好。金山说有一个好参谋在背后支持着，那就是孙维世。

孙维世是一位烈士的女儿，一个留苏博士，也是周恩来的义女，被称为"红色公主"。当年中国青年艺术剧院排演话剧《保尔·柯察金》时，孙维世就是该剧的导演，金山是保尔的扮演者，两人一见钟情，很快就结为夫妻，他俩都为中国的话剧事业作出了毕生的贡献，为繁荣祖国的文艺舞台献出了自己的青春和力量。

金山在60年代拍了一部电影《风暴》，由他自编自导自演，在电影里他扮演大律师施洋，把一个律师形象表现得淋漓尽致。影片中的施洋演说时大义凛然，面对敌人的枪口视死如归。金山塑造的英雄形象是他一生中扮演的最成功的人物形象。

1962年，全国话剧座谈会在广州召开，会议结束后金山和爱人孙维世来到长沙看我父母。那天他们夫妇来到湖南剧院找我父亲，正巧我父亲不在，他写了一张便条要我父亲去省委招待所找他，当晚我父亲就去省委招待所拜见了他们。金山说田汉会议太多，广州会议结束后又赶回北京开会去了，所以要金山来长沙看看我父亲。再就是想带孙维世去老家沅陵一趟，可是省委车队的领导说去那里的路非常不好走，前段时间道路被洪水冲垮了一段路基，现在根本无法通车，看样子这次回不去老家看看了。我父亲邀请他们夫妇第二天来家吃饭，临行时他们送给我父亲二百元钱，说给孩子们买点吃的。当年10月，我父亲去北京给祖母祝寿，在细管胡同又遇见金山夫妇也来祝寿，他当着田汉的面说："三爷的湖南菜搞得真好吃。"我父亲也告诉哥哥，说金山送了二百元钱给他，田汉听后悄悄地说："金山是一个很讲义气的人，也是一个深藏不露的人，他这个朋友值得交，你接触多了就会知道他的本事的，他可以为一个朋友两肋插刀。"

1965年10月，我父亲又去北京给祖母做寿，那个时候的政治环境已经变了，细管胡同田汉的家已是门庭冷落，早已失去了往日的盛况，已经没有一个朋友上门了，以前的领导、朋友、同事都不见踪影。有天我父亲在街上遇到迎面走来的金山夫妇，此时此刻他们都不敢上前握手和打招呼，双方只用眼睛对视一下，然后相互点点头擦肩而过。没过几个月，金山夫妇就都被抓走了，金山被关了整整七年半，出来时已是面目全非，老态龙钟了，而他的妻子“红色公主”孙维世却已被迫害致死。

日月如梭，光阴似箭，转眼到了1979年，田汉终于在“四人帮”垮台后平反昭雪了。开完追悼会后，我父亲带我们去看望了一些老朋友，去了廖沫沙家、梅兰芳家、徐悲鸿家等，也去北京医院看望了金山。他们见面时都泪流满面，互相拥抱，久久不愿分开。当年那个英俊潇洒的金山耳朵已听不见了，当年那个风流倜傥的金山已步履蹒跚了，他扶着拐杖对我父亲说：“你失去了哥哥，我失去了爱人，这是多么痛苦的事。虽然我们已风烛残年了，我还想多为党为国家作最后的贡献呀。”

十三　盖叫天——
金鸡独立张英杰
江南水乡活武松

在戏剧界几乎没有人不知道“盖叫天”，也没有人不知道“江南活武松”。田汉曾在盖叫天先生75岁时为他赋诗一首：

意到岂知还有我，
神全都道不如公。
请看七五婆娑叟，
依旧江南活武松。

在中国的戏曲舞台上一直流传着很多的流派，如四大名旦、四小名旦、谭派、言派、马派、裘派、麒派。除此之外还有一个专演武戏的张派，他原名张英杰，艺名“盖叫天”，他提倡武戏文唱，在戏剧舞台上他独树一帜。由于广大观众的欣赏角度不一样，有喜欢听唱功戏的，有喜欢看做功戏的，有喜欢看才子佳人的，也有喜欢看武打的，看有功夫的，看侠盗江湖的，盖叫天的戏就弥补了这一大缺憾。

1925年田汉曾和南国社的顾梦鹤、唐槐秋、左明等几位朋友去“更新大舞台”看盖叫天的《鸳鸯楼》。当盖叫天出场时，他连翻几个又轻又飘的跟头而且落地纹丝不动，接下来他又是几个扫腿外加飞腿，一连串的腿功表演后，再来了一个金鸡独立的亮相，舞台下顿时响起一片热烈的掌声和叫好声。此后他随着锣鼓点“急急风”的伴奏快步走了三个大圆场，轻如鸿雁，行走如飞，再来到舞台前表演一个“十三响”，然后抬腿亮相，那真是一个美，剧场内的掌声和叫喊声简直震耳欲聋。

盖叫天六岁学戏，练得一身好功夫，刀枪剑戟十八般兵器他样样都会，而且他注意自己在舞台上的造型，他要求每一个动作每一个亮相都要漂亮。他刚开始学戏是唱老生，十多岁练功时不知道变声期要保护嗓子，把嗓子搞坏了，后来只好文戏武唱了，15岁时被称为“江南第一武生”。有次在杭州演出《花蝴蝶》，在与人对打中不幸把左臂弄骨折了。后来社会上都流传着盖叫天在舞台上断肢折腿的英雄故事！他演的戏是劳苦大众最喜欢看的，老少爷们看这样的武侠戏是津津乐道，回味无穷。散戏后田汉带着朋友到后台向他祝贺，并赞美盖叫天的表演是舞台上的一绝，好功夫好身段。

1934年，46岁的盖叫天在上海大舞台演出《狮子楼》，武松和西门庆从楼下打到楼上，被打败的西门庆要从两张桌子上一个跟头下来，武松也是紧接着反身一个跟头翻下来。就在他空中翻身时看到西门庆还未走开，跟看就要踩踏在西门庆扮演者身上，空中的盖叫天只好急转身落地，剧场内只听到咔嚓一声，西门庆就地一滚站了起来逃走，可是盖叫天这时右脚骨折了，骨头从靴子里凸起出来。这时的盖叫天不动身色，用右手把右脚抬了起来，做了一个金鸡独立的造型亮相。他原地站了一分多钟，头上的汗像雨点一样往下流，靴子里也流出了大量的血，这时台上演员和台下观众才知道盖叫天骨折了。演出只好中止，人们将盖叫天送往医院，医生检查后确定是骨折，接诊的主治医师自己紧张得手抖腿软，好不容易才把骨头接上。一个星期后还不见好转，他叫来医生重新检查，检查结果是骨头接错位置了，医生建议把腿锯掉。盖叫天想到自己没有腿今后怎么演戏？他突然举起右手狠狠得向没接好的右腿砸去，只听咔嚓一声，腿又断了，盖叫天忍着疼痛对医生说："重新给我接上，我一定还要上台演戏。"接好骨头后他回杭州老家养病，他的事迹和故事很快就在上海各家报刊杂志上刊登发表了，群众都对盖叫天为戏剧献身的精神赞不绝口。

田汉看到这消息后，立即带着我父亲和南国社几位演员赶到杭州去看望他，盖叫天非常感动，说田汉这么远来看一个他这样的普通艺人，是世上没有的事，旧社会艺人是被人瞧不起的，田先生真正是艺人的朋友。盖叫天一定要请大家在家吃饭，还高兴地让大家参观他的家，向大家介绍他的收藏品和竹雕。盖叫天的家就在杭州西湖旁不远处，周围山清水秀，气候宜人，家里的摆设非常古朴自然。吃完饭后他还兴趣不减地带大家去看他事先建造好的墓地，这墓地的造型是他自己设计的，墓地两旁的碑文写着"英明盖世三岔口""杰作惊天十字坡"，他把自己的姓名、艺名、戏名全用上去了，横碑上刻着三个字"学到老"。田汉为之感动，认为他这种为艺术献身的精神是值得戏剧同仁们学习的榜样。后来田汉在诗中赞扬他“断肢折臂寻常事，练出张家百八枪”。

盖叫天为人朴实忠厚，不爱社交和闲谈，但是他只要遇到知音和练武之人都会结拜兄弟，作金兰之交。他的夫人更是勤俭持家，贤惠能干，盖叫天每天演出他夫人都要到剧场检查卖了多少票，与剧场分成后还有多少钱，每个演员分钱后还剩多少钱，她都是亲自过目和记账。盖叫天也非常敬佩田汉，说田汉为人直爽，开朗，不搞鬼，别人都看不起艺人，只有他把艺人当兄弟姐妹看，若是当了官一定是个爱民的父母官。田汉听后哈哈大笑道：“我当不得官，也没有当官命，还是和艺人在一起开心快乐。”

1937年上海沦陷，田汉离开上海随周恩来转战到武汉、长沙、桂林、重庆参加抗日斗争。直到抗战胜利后，田汉返回到国统区上海来从事地下革命工作。回到上海，田汉写出了多幕话剧《三个摩登女性》，剧中他用犀利的语言批判和揭露了国民党政府对劳动人民的迫害和压制，那些生活在水深火热之中的劳苦大众盼望着解放，盼望着幸福的一天来到。当时这个戏在国统区产生了很大的影响，国民党下令禁止上演。后来田汉改为电影剧本《丽人行》，由田汉的好朋友洪深导演。在杭州拍电影时，田汉带上洪深去拜访了盖叫天，盖叫天受宠若惊，他以主人的身份邀请田汉和洪深重游西子湖畔，观看雄伟的雷锋塔，品尝西湖龙井，看三潭印月。田汉还建议洪深去看看盖叫天先生的墓地。他们三人还在墓地前拍照留念，告辞时田汉对盖叫天先生说，“黑暗即将过去，曙光就在前头，多保重自己身体，等待新中国的诞生”！

1949年中华人民共和国成立后，田汉担任了中国戏剧家协会的主席，盖叫天也担任了浙江省戏剧家协会主席和省文联副主席，从此他们经常在一起开会学习，观看演出，讨论工作。1956年，我父亲想请盖叫天来长沙演出，盖叫天那时年近七十了，我父亲只好要哥哥田汉帮忙，田汉在一次开会时试问盖叫天能不能去长沙演出，没想到他把胸膛一拍说："没问题，要你弟弟来杭州找我，商量什么时候去就可以了。"终于在当年的秋天，盖叫天来到长沙了，在湖南剧院演出《快活林》，连演七天，场场爆满，使长沙人民欣赏到盖叫天先生的舞台艺术。在一个秋高气爽的星期天，我父亲还专门陪盖叫天先生和部分主要演员去了一趟毛主席故居，他那天心情极好，还在那里拍照留影。

1961年田汉与文化部和中国文联开会商量，想为盖叫天举办一个纪念活动，邀请他来北京演出，那次盖叫天先生在北京演出《武松打店》等几个折子戏，演出获得圆满成功。田汉也代表中国剧协向他颁发了"人民艺术家盖叫天"证书。会议结束后田汉还请他来细管胡同的家中做客，那一天田汉要秘书通知了梅兰芳、欧阳予倩，以及话剧、京剧、评剧及戏剧研究院部分领导和同志们来座谈，来宾们把田汉居住的细管胡同挤得水泄不通。盖叫天先生见到来了这么多朋友、专家，心情特别开心，他滔滔不绝地讲了一个多小时，关键时刻他还站起来表演，介绍自己60年的舞台经验，使在座的同志们都收获不小。梅兰芳说盖叫天先生的精神就是戏剧艺术家的精神，是每一个艺人学习的榜样。最后田汉说，今后这样的活动要经常举行，让更多的艺术家向年轻一代传经送宝，把优秀的传统艺术文化

田汉（后排右）与周信芳（前排右）、盖叫天（前排中）、尚小云（前排左）、高百岁（后排中）、吕君樵（后排左）合影

继承下去。

1962年，上海市人民政府和文化部、中国文联、中国剧协联合举办纪念“盖叫天舞台生活六十年”大会，田汉作为代表和欧阳予倩从北京赶到上海来参加大会。上海市副市长金仲华、上海市文艺工作部部长张春桥，会议代表熊佛西、应云卫、于伶、袁雪芬、俞振飞、常香玉等近千人出席了大会。田汉代表文化部、中国文联、中国剧协向盖叫天先生授予他最高荣誉证书。晚上全体代表观看了盖叫天先生的《快活林》《鸳鸯楼》，第二天又演出了《恶虎村》。年过七十的盖叫天依然是青松不老，壮志凌云。他每一个亮相，每一个眼神，每一个动作还是那么漂亮、有神、威武、轻松，田汉会后赠送盖叫天先生一首诗：

争看江南活武松，

须眉如雪气犹龙。

鸳鸯楼上横刀立，

不许人间有大虫。

田汉赞扬武松的精神，说武松为了百姓安居乐业，出拳打虎，不许人间再有老虎伤人。可是他和盖叫天先生万万没有想到人间的老虎，当年就坐在他们的旁边，那就是上海市文艺工作部部长张春桥。“文革”中，八十高龄的盖叫天被挂牌游街示众，被打成“反动学术权威，江南戏霸”。1971年，盖叫天溘然长逝。

十四　齐白石——手提羊毫笔生花 你写文章他画虾

1948年的寒冬，北京城的上空乌云密布，夜晚显得格外的寒冷刺骨，马路上行人非常稀少。

在昏暗的路灯下突然闪过两人，他们避开巡逻的警察，趁着昏暗的路灯走到南锣鼓巷雨儿胡同13号。头戴礼帽、身穿风衣的人轻轻地敲了三下门，里面传出“谁呀”的问话声，一个女人把门打开露出头看了一下来人。敲门的人压低声音说是来拜访齐白石先生的，女人让这两个人进来了，然后随她朝一间亮着灯的房间走去。打开厚厚的门帘，一眼就看见齐白石靠在沙发上正在检查自己白天画的画，墙壁上挂着七八张水墨画，来人急走上前与他握手说：“齐老先生，我今晚带了一个客人来看你。”齐白石眼睛一亮看着来人说：“是你呀，徐悲鸿。”徐悲鸿忙向齐白石介绍说：“这位是田汉先生。”田汉走上前握着齐白石的手说：“我1946年在上海就看过你的画展，今天才来看你，失敬失敬。”齐白石惊讶地问：“你就是田汉？久闻其名呀，幸会幸会。”徐悲鸿靠近齐白石耳朵说，田汉是特地从解放区来的，北京马上就要解放了，他是来传达党中央精神的，希望所有在北京的名人、专家、教授、学者都留下来，不要跟随蒋介石政府去台湾。田汉也把当前国内的形势和北京目前的情况告诉了他，希望他不要离开北京。齐白石听他们讲完话后，摸着自己那山羊胡子说：“好的，听你们的意见，我就坐镇在北平城，哪里也不去，等中国人民解放军进城。”

雄鸡一唱天下白，1949年1月，北京城在未动一枪一炮的情况下和平解放了，一夜之间全换成了中国人民解放军在保卫着北京，人们张灯结彩，喜气洋洋庆祝北京的解放。那时全国各地的海内外知名人士、海外华侨、科学家、艺术家、教育家、音乐家等等都从四面八方汇聚到北京。

1950年的春节期间，有一天一辆小车突然停在西城跨车胡同13号，车上下来三个人直奔齐白石住屋走去，工作人员朝屋内喊：“齐老先生，田汉和徐悲鸿前来接你啦！”门帘一拉开，只见齐白石头戴一顶黑色瓜皮帽，身穿一件崭新的棉长衫，长衫上还印了几个彩色图案，手拿拐杖走了出来。田汉和徐悲鸿一人扶一只手说：“今天周恩来总理在北京饭店举行隆重的迎春会，要我们前来接你。”大家再一看发现齐老先生今天穿得特别漂亮，齐白石坐上汽车喜笑颜开地说：“这是我第一次去北京饭店开会，当然要穿漂亮，不然对不起你们两个人呀。”齐白石先生既幽默又风趣地说“开车”，这时车内传出哈哈哈的一阵笑声。

在宴会上周恩来总理发表了热情洋溢的新年贺词后，手里拿着茅台酒一桌一桌地敬酒，他走到齐白石面前说："齐老先生，祝您新春快乐！"周总理走开后，田汉又叫上周扬、徐悲鸿、洪深、吴作人等都去给齐白石敬酒，祝他健康长寿，全家安康！那晚齐白石非常开心，摸着自己的胡子笑着说："我要画张画送给毛主席，感谢他给中国人民带来了幸福和平生活！"

几个月后的一天，一位收藏家来告诉田汉，说在北京琉璃厂以及荣宝斋附近看到一个年轻人拿着齐白石的画在卖钱，而且价格也不贵。田汉听说后急忙打电话告诉中央美术学院院长徐悲鸿，因为北京才解放不久，田汉工作特别忙，只好要徐悲鸿派人去调查落实一下，看那人是干什么的，齐白石的画是如何到他手上的。

几天后徐悲鸿告诉田汉，这个卖画的人是齐白石的儿子。田汉思考了一下，要徐悲鸿抽时间去看看齐白石，并提醒白石老人要保管好自己的字画，以免流失到社会上。徐悲鸿也因美院事情多，就安排了两个美院学生去做白石老人的思想工作。没想到晚上两个学生回来很委屈地向徐悲鸿汇报，学生告诉齐白石他的儿子拿了他的画在外卖钱，这样很不好，对齐白石老人的艺术创作是一种损失。他们不知道齐白石很疼爱自己的儿子，说他儿子偷他的画卖钱，齐白石听后火冒三丈，大发雷霆地说："这不关你们的事，我的画就是卖钱的，画不卖钱我吃什么，我卖了几十年的画，不用你们管。"他很不高兴地把这两个学生推出门，还说："你们今后不要来我家，不欢迎你们。"

田汉和徐悲鸿听汇报后感到事态严重了，两人商量决定

田汉、齐白石与苏联专家

去向周恩来总理汇报。周总理与他们商量先成立一个文化艺术管理局，派专人去齐白石家管理他的字画，帮他把家里布置干净，把屋内的灯光换亮，桌面换大点，还说以后常会有人来参观拜访他，还会拍电影，让他高兴。中国有句老话“老小老小”，白石老人有个性，脾气也大，大家都不要去计较。最后商量决定由田汉来任文化艺术管理局局长，因为他俩都是湖南人，各方面都能交流，也方便做思想工作，徐悲鸿有时间要常去看看白石老人。

自从上任以后，田汉主要还是以戏剧改革和创作的任务为主，但是只要有时间就去看望白石老人，有时还要陪匈牙利、苏联、波兰、捷克斯洛伐克等国艺术家去拜访齐白石，提高齐白石在世界上的知名度。白石老人慢慢感到组织上很关心他，家里环境又焕然一新，来参加学习的也不少，还要和各国的外宾打交道，自己各方面都提高了一个档次。特别是徐悲鸿每星期和夫人都带着礼物来看他，还买了很多吃的和衣服给他的孩子们，齐白石非常感谢，逢人就说徐悲鸿是他最好的朋友，说徐悲鸿是留洋的画家，是画大画的，而他是农村出来的，只画些小鱼小虾。其实齐白石的画笔墨雄浑滋润，色彩浓艳明快，造型简练生动，意境淳厚朴实，他画的鱼虾，妙趣横生，有独到之处，连外宾看到他的鱼虾都惊叹不已。齐白石慢慢认识到，组织上这样做真正保护了他的艺术作品，使它们没有流失到社会上。有一天徐悲鸿接他到美术学院，在全校师生的大会上亲自把“中央美术学院”的聘书授给他，聘他为“中央美术学院名誉教授”“中国美术家协会主席”。为了提高和尊重齐白石的艺术成就，周恩来总理还亲自授予他“人民艺术家”的光荣称号。本已十分著名的齐白石这下名声更加大震，响彻国内外。

田汉很想接齐白石到家里吃饭，他把这想法告诉祖母，祖母说没问题，她要亲自下厨做几个湖南菜给他吃。那时祖母住东四头条内五号，自己在院内的空地上还种了一些青菜。这一天田汉把齐白石接到家里，齐白石还是终身不变的打扮，瓜皮帽、长衫、布鞋，一根有人那么高的拐杖。进屋后田汉给他介绍了祖母，两位老人用湖南话聊起了天，相互问一下年龄，齐白石说自己快九十了，离开老家湘潭很早，喜欢吃家乡什么菜呀等等。那天祖母做了很多湖南菜，粉蒸肉、红烧鱼、豆豉炒辣椒、粉丝炒肉泥等等。祖母做得最好的菜就是大杂烩，湖南叫全家福（内有肉丸、鸡蛋、冬笋、粉丝等），又热乎味道又好，吃得白石老人不停地说：“好吃，好吃，真的好多年没吃过这些菜了。”祖母还是保持着湖南乡下人那种豪爽的性格，她说：“没问题呀，只要你想吃家乡菜只管来，我一定做最好的饭菜招待你。”齐白石开玩笑地说：“我是一个穷人，又没有钱来吃饭，下次我来就带几只虾送给你。”

一个月后田汉又准备把齐白石接到家里，祖母的饭菜早就做好了，等了很久齐白石才来，祖母说：“怎么这么久才来，饭菜都凉了。”白石老人笑着说：“家里小孩多，要把柜子都锁好才出得来，不然他们翻东西吃。”吃完饭后他和田汉坐在双人沙发上聊天，他看我祖母把桌上饭菜都收拾干净后说，上次答应送几只虾，今天带来了。然后从自己的包里拿出一个纸包给我祖母，祖母打开一看纸上画了几只虾，活灵活现，姿态各异，赶忙连声道谢。祖母客厅里的墙上原来只挂了徐悲鸿的马，这一下又挂上了齐白石的虾，一左一右，一马一虾，这两幅画把客厅衬托得更加光彩夺目。

1956年齐白石获得“世界和平奖”后，成了国宝级人物，名气是越来越大，作品也更加珍贵了。但不管国家给他什么名誉和地位，他还是他，还是保持着一个普通画家的作风，还是照常坚持每天画画，每天要画几张画的习惯是雷打不动的。他的画流传在世的大概有一万多张左右，后来周恩来总理说，文化部文化艺术管理局立下了汗马功劳，没有让齐白石的作品流失，为国家挽回了巨大损失，也让后人看到“人民艺术家”齐白石的真正的艺术精品和墨宝。田汉也写了一首诗称赞齐白石先生：

齐翁劳动者，笔力自高古。
能使百花开，亦令顽石补。

十五　梅兰芳——南欧北梅花一朵 四大名旦梅花香

在中国的京剧舞台上流传着这样的一句话，“南欧北梅”，意思是指在京剧界扮演旦角（由男扮女）的演员中最好的是南方的欧阳予倩，北方的梅兰芳。

田汉学生时期在长沙参加了学生军，那时他基本上每晚都去剧场看戏，有次正好看了欧阳予倩组织的“文社”演出。由于欧阳予倩从日本留学回来，带回来一种新的剧种“文明戏”（现称话剧），与中国古老的传统戏剧完全不一样，因此更使得田汉对戏剧产生了浓厚的兴趣。1921年田汉从日本留学回来，在上海认识了当时很有影响的文艺团体“春柳社”和“上海戏剧协社”中的欧阳予倩、应云卫、汪优游、谷剑尘、洪深等。1922年，在北京刚出名的梅兰芳来上海演出，他的到来轰动了整个上海，首演式是在上海丹桂第一台演出，三天的戏目分别是《彩楼记》《玉堂春》《武家坡》，剧场天天满座，一票难求。上海的各界名流、专家学者、军政要员都前去观赏梅兰芳的艺术和芳容。郭沫若、欧阳予倩、周信芳、田汉、吴昌硕、郁达夫、洪深等众多文学艺术界的朋友也都前去捧场。上海的新闻界、艺术界、美术界、金融界联合举办欢迎梅兰芳座谈会，席间著名画家吴昌硕当场脱掉衣服，挥毫画了一幅傲雪凌霜的梅花图送给梅兰芳。田汉还特意写了一首诗描述了当时的情景：

风虎云龙各逸奇，
蟹肥樽满识兄时。
解衣磅礴吴昌老，
画到梅花雪里枝。

梅兰芳在演出空闲时也拜访了不少新朋老友，也去观看其他剧团的演出，田汉也邀上欧阳予倩、周信芳、高百岁、唐槐秋等人多次宴请梅兰芳，一起座谈聊天，因此相互之间建立了很深的感情和友谊。

1935年，梅兰芳拒绝了日本邀请他去演出，田汉除了佩服他的爱国之心外还及时与苏联驻上海公使馆的朋友商量，尽快邀请梅兰芳赴苏联演出，以防不测。就在2月份的一个春雨之夜，田汉前往南京路新雅旅店三楼开会，商讨梅兰芳去苏联演出的剧目和行程，把梅兰芳在苏联的全部日程安排决定后才回家。散会已是深夜了，谁也没预料到就在田汉回家的路上却被国民党中统特务秘密抓捕。在狱中的那几个月中，田汉闻听到梅兰芳访苏演出圆满成功，于是他写下诗一首：

鼓吹万里待安排，
新雅楼头举祝杯。
雪海征轮兄北去，
南冠我却入秦淮。

梅兰芳先生不仅戏演得好，人品也深得人民的赞赏，特别是日寇侵略中国的时候，他誓死不为日寇演出，并且蓄须明志，日军、国民党、汉奸走狗出重金请他演出都被拒之千里之外，足以看出他的爱国情怀。田汉特别欣赏他那德艺双馨的品德，和不屈不挠的爱国精神，曾经作诗称赞梅兰芳：

八载留须罢歌舞，
坚贞几辈出伶官。
轻裘典去休相虑，
傲骨从来耐岁寒。

梅兰芳虽然在北京有热爱他的广大观众，可是他非常喜欢上海，解放前他在上海马思南路自己家里一住就是十五年左右，直到1949年新中国成立他才迁回北京。在他前往北京的途中，欢迎他的人群是人山人海，北京城里的很多老百姓都赶到北京前门火车站来迎候梅兰芳。那热闹的情景使田汉又写下一首赞美的诗：

复地翻天史例无，
艺文作战召吾徒。

大河南北人如海，

争看先生入首都。

中华人民共和国成立后，田汉任中国剧协主席，梅兰芳任副主席，他们俩人接触更多了，经常坐在一起商谈国内外的文化、艺术、交流等动向。特别是在抗美援朝中田汉率领中国艺术团赴朝鲜慰问中国人民志愿军，慰问团里就有德高望重的梅兰芳、周信芳、程砚秋、马连良等，这些德高望重的艺术家都是冒着枪林弹雨不怕牺牲的精神在战场上为志愿军演出。回国后他们又深入工厂、农村、厂矿、部队去慰问工农商学兵，也代表中国文学艺术界多次出席国际上的文化艺术交流活动，为国家争得了名誉和掌声。1955年田汉向中宣部、中国文联提议，建议为梅兰芳、周信芳舞台生活五十年举办纪念活动，发扬继承他们艺术上的流派和风格。同时又拍了几部他们的代表作《宇宙锋》《洛神》《霸王别姬》《宋江杀惜》《徐策跑城》《宋士杰》等，为国家为人民留下了珍贵的艺术影像作品。

1955年10月，我父亲照例要去北京给祖母祝寿，生日那天见到梅兰芳先生和夫人福芝芳也来祝寿。当时我父亲正在长沙湖南剧院担任经理，这个剧院刚刚建成不久，很想请一个有影响力又有名望的名角去开张演出。在哥哥田汉与梅兰芳先生聊天中间，我父亲趁着这良机，忐忑地对梅先生说："梅先生，湖南人民很想请您去演出，不知您是否……"话还未说完，梅先生非常高兴地说："好呀，湖南是毛主席的家乡，我也很想去，我记得还是在解放前去过一次，湖南人民对我非常诚恳和

左起：周信芳、田汉、梅兰芳

热情，我还记忆犹新。”他又接着说：“不过，我现在担任了一些其他职务，也很久没参加演出了，而且又没有一个完整的演出班底，此事重大，还要回去商量，过几天叫秘书许姬传先生给你答复。”

几天后许先生果然来了，他说梅先生已向领导谈过去湖南演出，梅先生明年有出国访问演出计划，时间还未定下来，到时会用电报通知的。在我父亲回长沙的前夜，哥哥田汉趁吃饭的时间说，梅先生已年过半百了，又很久没上台演出了，这次让他出国访问演出非同小可，你回去先向省委宣传部和文化局汇报，作好准备，有什么情况我会写信告诉你的。

我父亲怀着喜悦和激动的心情回到长沙，第二天就向省文化局和省委宣传部作了汇报，同时也把这消息告诉了全院职工，大家都怀着迫切的心情等待梅先生到来的消息。第二年春季，从报纸上看到梅兰芳先生率领的中国艺术代表团圆满结束了在日本的访问演出，路经广州。当时省长程潜知道后决定先派人去广州邀请他，看他能否中途来长沙演出。省委宣传部决定派文化局局长刘斐章和我父亲同往广州。在广州见到梅先生时，梅先生很不好意思地说，非常感谢湖南人民的邀请，但是一切演出活动都是由中央宣传部决定的，而且这次出国访问结束后还得向中央汇报演出情况，这次就请湖南人民原谅，湖南今后一定要来的。

一个月后，田汉从北京写信告诉我父亲，说梅先生正在上海休息，要他赶快拿着信去上海找梅先生商量演出事宜。省文化局决定派我父亲和业务干事周静前去联系。梅先生在上海马思南路自己家中接待了我父亲，他和蔼可亲地说，现在已与江苏省京剧团联系好了，以他们剧团作为演出班底，同时也邀请了梅先生多年的演出伙伴姜妙香先生同台，希望双方达成口头协议，仔细商量在长沙需要演哪几个戏，票价多少钱一张，需要演多少天。梅先生还提议为满足湖南人民的需要，这次还带上梅葆玖去长沙，白天让他主演。这次来湖南演出的线路是由上海出发，经浙江、江西、湖南、湖北然后返回北京。梅先生的话让我父亲喜出望外，梅兰芳先生终于要来长沙了。

两个月后，我父亲收到杭州来的电报，要他速赶到杭州准备签演出协议。文化局决定由他一个人去办理，他坐了23个小时的火车终于在黄昏时刻到了杭州。为了方便看戏和返回长沙，他就近住在一个小旅店。第二天清晨，在一个吃早点的店铺里看到三五成群的老百姓都在议论梅兰芳先生的演出情况，你一言他一语地说梅兰芳先生的戏如何如何的好，如何如何的美，当天当地的报纸都刊登了梅兰芳先生的演出照片和赞美文章。剧场门口早就挂上客满的招牌，整个杭州城内外都掀起了梅兰芳先生的演出热潮。

当时梅先生住在杭州一个朋友的山庄里，他热情洋溢地握着我父亲的手说“一路辛苦了”，然后问湖南准备工作做得怎么样了。我父亲告诉他万事齐备，只欠东风，为您的到来湖南剧院已焕然一新，舞台上换上了全新的幕布。他听后非常高兴地说：“快了，快了，还有半个月就会到湖南了。”他叫秘书安排我父亲看几场戏，有什么意见尽早告诉他。并说晚上在“楼外楼”请我父亲吃饭，只是遗憾自己不能陪同了，一是要赶化妆，二是怕群众看见了他而走不开，只能让梅夫人、梅葆玖、秘书作陪了，并叫司机送我父亲回旅店，开演前秘书许姬传送来戏票，又开车来接我父亲去看戏。第二天我父亲成了这个旅店的新闻人物，大家都用惊讶的眼光望着他，这是一个什么人？梅先生怎么用车接送他？为什么请他吃饭？为什么我们买不到票而有人送票给他？果然，旅店的服务员还有当地的一些老人都来问我父亲要票了，梅先生听到后哈哈大笑着说：“你今晚看完戏后就回长沙去吧，不然你欠了别人的票账会走不出杭州的。”当晚看完戏后与梅先生告辞，父亲就赶回长沙了，在文化局的直接指挥下大家都作好迎接梅剧团的到来。

一个星期后我父亲按计划去江西接梅剧团，梅兰芳先生要秘书把演出计划表全给了我父亲。剧团乘坐哪次列车，什么时候到长沙，男的多少女的多少，全团一共有多少人，每项工作都落实到人，中间不能出一点差错。

梅兰芳先生要来长沙演出的消息不胫而走，第二天天刚刚亮就看见有人在湖南剧院门口排队等候买票了。12月份的长沙天气是又湿又冷，寒气袭人，很多人原来是带着被子通宵达旦在湖南剧院的石梯上排队买票，拥挤得不可开交。我父亲见这情况后紧急召开会议，只靠湖南剧院一个点卖票是不行的，门窗都会被挤烂。素有“智多星”之称的业务干事黄润华说，除了湖南剧院这个售票点外，还应该在东南西北四个方位设四个售票点，老百姓可以就近买票，售票地点就在《湖南日报》当天报纸上登出来，分散湖南剧院的重担，大家都认为这个办法好。谁知道《湖南日报》内部职工又走露了消息，报纸还没有发行出来，卖票地点那里早就有人排队买票了。黄润华听到这消息后，沉思片刻说：“我有办法了，我们来学革命前辈搞一次秘密活动，趁半夜三更在《湖南日报》开印前我们才把通知送过去，用最保密最保险的方式派一个人亲自将四个售票点的地方送到印刷车间，那个时候也走露不了消息了，真正做到让长沙观众第二天见到报纸上的消息才去售票点买票。”大家一致认为这个方法是最好的最保险的。可是这通晚不睡觉的艰苦任务交给谁去做呢？黄润华笑着说：“那还有谁呢？还不是我这个出主意的人。”

当梅兰芳剧团到达长沙的那天，由省文教办的华国锋，省文化局局长铁可、刘斐章，省市文艺团体及新闻媒体一百余人前往火车站迎接，我父亲也早安排了华昌照相馆的师傅拍下了最沸腾的场面。然后剧团人员兵分两路，大部分的人去湖南剧院，梅兰芳先生和姜妙香先生及几个主要演员去省委交际处（现在的湘江宾馆后栋）。

按原定的计划，梅兰芳先生将上演《洛神》《宇宙锋》

《霸王别姬》《天女散花》《贵妃醉酒》《桂枝写状》，梅兰芳先生五十年的艺术精品都将展现在长沙观众面前。他与姜妙香先生合作演出也有几十年了，这次他俩的年龄合起来有一百二十多岁，但在舞台上梅先生扮演的是十六七岁的少女，而姜先生扮演的是十八九岁的青年。他们的演出可以说是炉火纯青，惟妙惟肖，珠联璧合，他们的艺术造诣使得成千上万的长沙观众饱享眼福，陶醉在艺术之中。凡是看过演出的观众都说，这一辈子能看到梅先生的戏已非常知足了。

省文化局也借这大好的机会通知全省各剧团的主要演员来长沙观摩学习，梅先生也利用休息时间给大家讲课，传授舞台知识和表演手法。他还带领全部演职人员观看了湘剧，在《湖南日报》上发表了自己的文章，对湖南的文艺舞台大加赞赏，也对省市剧团的协助表示感谢。特别是全国很多人来信，在信封内还夹着几角钱人民币，要求帮他们买几张演出的节目单邮给他们作纪念，梅兰芳先生知道后说，钱不要收，每封信给他们寄两张节目单让他们留作纪念吧。

一个星期天的上午，梅先生听到几个住在湖南剧院后台的演员讲，湖南剧院非常漂亮，建筑很像北京的宫殿。梅先生每天只是晚上来剧院演出，根本没时间注意湖南剧院的建筑，所以要我父亲陪他参观一下湖南剧院。当他在湖南剧院大门下车时，周围又被群众围得水泄不通。梅先生挥手和大家打招呼外，也仔细地观赏着湖南剧院的外貌，蓝色的玻璃瓦、红色的围墙、麻石铺的台阶、古色古香的图案，旁边还站立着两个大狮子，又雄伟又气派。梅先生赞不绝口地说："很像北京的宫殿建筑，很有中国民族风格。"走进大门他抬头就看到四个宫灯，这四个大吊灯还是专程从苏州买来的，上面画了《西厢记》《红楼梦》里的人物，走廊上的壁灯也很有民族特色，剧院里面的座椅全是在上海定做的真皮沙发，坐在上面又气派又舒服，剧场里面的灯光富丽堂皇、通明透亮。梅先生惊讶地说："太美了，这剧院的民族风格设计和我们的演出节目是何等的相似，交融一体。我们的国家太伟大了，劳动人民真是创造了世界奇迹，我在美国苏联及欧洲都没见过如此美妙的东方艺术品，希望你们好好保护这伟大的建筑和极有民族风格的剧场。"

有一天梅先生上午在省交际处会见客人，秘书许姬传告诉他，说有一位湘剧艺人去世了，正在湖南剧院开追悼会，梅先生知道后说，以他个人名义和剧团名义各送两个花圈，并要秘书马上去办。他还说由于自己知道得太晚了，来不及去向他家属问候。这虽然是一件小事，可以看出梅先生关心着每一个艺人，哪怕是从没有见过面的人，他把每一个文艺工作者都当自己的朋友和亲人。在送葬的队伍里，梅先生送的花圈被人抬着走在最前面，他诚挚的友谊和细心的关怀对于死去的艺人家属是一种莫大的安慰和荣幸！

12月份的南方越来越冷了，无情的雨水给湖南一些地方造成了严重的水灾。这消息从广播传到梅先生那里，他非常焦急，与文化局领导商量，想举行一次义演把全部收入捐给灾区。省委宣传部和文化局领导认为，灾区有困难国家会解决的，最后梅先生还是决定以他个人名义捐款600元给湖南灾区。梅先生的高超艺术和高尚品德赢得了湖南人民的夸奖和敬佩。

在剧团快要结束湖南演出的那个夜晚，剧院门口拥挤着成百上千的人，他们都想一睹梅兰芳先生的容貌，特别是一些从农村来的农民说，哪怕看不到戏，只要看梅兰芳先生一眼也不枉白跑一趟。我父亲把这情况告诉了梅先生，梅先生满口答应，只要不影响交通安全就行。在散戏前安排剧院电工在剧院门口的楼上安装了两个聚光灯，当梅先生卸完妆后出现在剧院门口时，两个聚光灯全部打开，紧跟梅先生的身影一步一步走向人群，人群中马上传出叫喊声和热烈的掌声，大家争先恐后和梅先生握手，时间长达半小时，这些感人的场面全被华昌照相馆的师傅拍了下来。最后，为了保护好梅先生，只好关掉聚光灯送梅先生上车返回。我父亲把梅先生的一切活动都向北京的哥哥田汉汇报了，田汉特别强调说，一定要保护好梅先生的安全，长沙的冬天与北京不同，北京房间里都有暖气，千万别让梅先生受冻了，尽量少让他外出，因为梅先生是国宝级人物，影响很大。

这次华昌照相馆立下了汗马功劳，他们从梅兰芳先生下火车直至最后和剧院全体人员的合影都做得非常认真负责，每天都跟随梅先生一起，拍下了很多珍贵的照片，特别是把照相机搬到舞台上，随时随地拍摄梅先生最理想的舞台形象。

梅兰芳先生在最后一场演出的上午，要接见剧院职工，大家兴高采烈地打扮好自己，上午十点大家早早来到了会议室等候梅兰芳先生的到来。外面传来汽车停车的声音，然后又传来不停歇的掌声。梅兰芳先生满面春风、神采奕奕地走进会议室，他和每一个职工握手，口中不停地说“谢谢，谢谢”，然后他说为了感谢大家，将送给每一位同志一张照片，照片上的字都是他亲自在宾馆写的。当他送完后发现还有两张照片没有人领，一个是业务干事黄润华，一个是总务陈鑫明。我父亲说他们都去火车站了，陈鑫明负责联系剧团托运道具箱，黄润华负责联系梅先生和几位主要演员的卧铺，要办完事才能回来。正在讲话时陈鑫明推门进来了，他笑着说，梅先生，一切都联系好了，晚上演出后就可以去装车，梅先生握着他的手连声说，谢谢，辛苦了，忙把写了"陈鑫明同志惠存"的照片给了他。梅先生要告辞了还没有见到黄润华回来，梅先生对我父亲说："他回来后叫他来宾馆找我吧。"中午下班的时候黄润华回来了，我父亲告诉他下午去宾馆找梅先生。下午三点梅先生午休后，黄润华敲响了梅先生的房门，梅先生儿子梅葆玖打开房门，黄润华急步上前握着梅先生的手说："对不起，对不起。"可是梅先生说："对不起的是我，你为了我们的演出真的是辛苦了，来，来，来，这是我送给你的一张照片。"然后他又拿出一张他与儿子梅葆玖的合影，梅先生当场就写上"黄润华同志惠存"，这时的黄润华笑嘻嘻望着梅先生说："我还想要一张您演出的《贵妃醉酒》照片。"梅先生说："好呀，应该再送一张给你做纪念。"这时梅葆玖忙从相册里拿出照片，梅先生拿着照片看了一下，发现字写在正面不好看，于是在照片的反面写上，"黄秘书惠存"，落款梅兰芳。1956年12月30日，就在结束长沙演出的最后一晚，梅先生提出要与湖南剧院全体职工拍照留念，当他卸完妆后在舞台上又遇到黄润华后说："润华同志，这次你出了个好主意，介绍东南西北四方卖票的经验，我会向全国推广出去的，你就站在我和姜妙香先生后面我们来拍照。"黄润华激动地摸了摸自己的头发，又把大衣整理了一下，挺起胸来面带微笑站在梅先生和姜先生的身后拍下了珍贵照片。

当第二天梅兰芳先生和剧团全体演员登上列车时，华昌照相馆的一级照相师肖师傅和黄师傅把刚刚装裱好的相册送到梅先生手上，里面的一百多张照片记录了梅先生在长沙的日日夜夜。梅先生非常激动地说："湖南是我演出最成功的地方，感谢湖南人民对我的关怀和爱戴，如若方便的话，我将再次来湖南。"当火车发出长鸣声时，正好是1956年的最后一天，梅兰芳剧团满载着湖南人民的深情厚谊，在一片热烈的掌声和再见声中离开了长沙奔向下一站武汉。

第二年的十月，我父亲照旧去北京给祖母做寿，在那里又遇到梅兰芳先生和夫人，他热情地握着我父亲的手说："非常感谢你在长沙的热情接待。"哥哥田汉也说："梅先生老表扬你，说你为他的演出做了不少工作。"梅先生还说，在一次宴会上毛主席看见了他说："梅兰芳同志，这次湖南演出怎么样？"梅先生说湖南人民太热情了。毛主席又说："是吧，我讲过湖南人就是好客，今后希望你们介绍更多的艺术家到湖南去演出。"

非常遗憾的是，梅兰芳先生于1961年去世了，他再次来湖南演出的愿望最终也没有再实现。

十六　湘　剧——湘音湘情湘剧魂　关心关爱故乡人

田汉是一位剧作家，他的任务是写出人民大众喜欢的好作品和剧本。新中国成立后田汉又担任中国剧协主席，他的另一个任务是要关心关爱全国艺术家的成就和事业。

据我所知，田汉对全国的各个剧种，各个流派，各个名角都了如指掌。他喜欢京剧，从日本回国后他接触最多的还是京剧和话剧。他最初接触的艺术家就有周信芳、梅兰芳、洪深、高百岁、盖叫天等，这对他的戏剧创作有很大的影响和帮助。但其实最早引领田汉走上戏剧之路的还是湖南湘剧。在他小时候居住的家乡，逢年过节就有大户人家请皮影戏和湘剧草台班来乡下演出，叔叔伯伯轮着背他去看戏，特别是家乡还出了两个湘剧名家大花脸罗元德和老生陈绍益，所以最早启发他对戏剧爱好的还是湘剧。他在长沙师范读书的时候，参加过学生军，每天没事就跑到戏园子里看湘剧，他的第一个剧本就是写湘剧的《新三娘教子》。上世纪30年代他在上海认识百代电影公司音乐负责人任光时，就向他介绍了湖南湘剧，后来任光还带了几位音乐家专程去长沙录制湖南湘剧。由此可见，田汉不管身在何方，他对家乡的湘剧是念念不忘，情有独钟。

1937年上海沦陷后，田汉带领一批文艺骨干如导演洪深、音乐家张曙、化妆师李也非、作家廖沫沙等人来到长沙，除了创办了《抗战日报》外，大部分时间都是在戏园子和湘剧艺人促膝谈心，访贫问苦，向他们介绍国际形势和宣传抗战精神。也就是在这段时间他才真正地认识了湘剧泰斗罗元德和陈绍益。田汉也在长沙写了和改编了不少抗日的剧本，正当他准备组织湘剧各个团体联合演出时，郭沫若从日本来到长沙找田汉，两位大作家聚会长沙引起了极大的轰动，也激起了长沙市民的抗日高潮。不久周恩来召他二人去武汉参加政治部三厅工作，1938年武汉沦陷后，田汉临危受命再返长沙，在很短的时间内组织了七个抗敌宣传队，一队队长朱仲儒，二队队长徐绍清，三队队长黄元和，四队队长黄元才、吴绍芝，五队队长王华运、田华明，六队队长杨富荣、欧元霞，七队队长徐初云。在长沙又一村民众大礼堂召开成立大会，舞台上下门挂着田汉书写的“抗战必胜”“建国必成”，在舞台前挂着“演员四亿人，战线一万里，全球作观众，看我大史戏”。

1938年3月12号正逢田汉40岁生日，消息传出后，长沙的京剧界、湘剧界、话剧界、花鼓戏、皮影戏、新闻媒体、教育界等等都来到留芳岭为田汉庆贺生日，田汉非常感动，在这战火纷飞、枪林弹雨的长沙，还有这么多艺人坚守阵地，他们真是太伟大了。田汉与大家在留芳岭合影留念，大家在那次聚会后都称他为“田老大”，都说他是艺人的领路人，是抗日的一面旗帜，哪里有艺人，哪里就会有田汉。当时日寇已攻占到岳阳了，长沙局势更加紧张，可是田汉还在带领抗敌宣传队到处演出，为国而战。张治中将军急得到处寻找到田汉后说：“田先生，我们都在疏散人口，你还在演什么戏呀，赶快带领大家离开长沙城，以后再重整山河待后生吧。”在周恩来的指挥下，田汉带领着抗敌宣传队最后才撤离长沙城。在那紧张而又艰苦的岁月里，田汉与劳苦大众生息相通，亲如兄弟姐妹，更是与艺人们建立了深厚的感情。

田汉拖着一家老小借住在桂林一个朋友家。由于全国许多难民都涌向桂林，这个小小的城市根本就承受不了如此重负，导致物质贫乏，疾病流传。这个时候也是田汉生活最艰苦的时候，家里连上带下八九个人全靠他一支笔来养活，每天都是吃冬瓜和南瓜，一个冬瓜不是炒着吃，就是煮着吃，冬瓜皮泡着做酸冬瓜皮吃，冬瓜子晒干给祖母和小孩做零食吃。他没有钱的时候就只好去卖书换钱买米，曾有记者描述他“秦琼卖马，田汉卖书”，戏剧家熊佛西先生曾写诗描述田汉是“多才多艺田寿昌，箪食瓢饮写文章”。有一天家里一粒米也没了，我母亲说，大哥，家里没米煮饭了。田汉便回道：“不要紧，我去领稿费买米回来。”可是当他领了稿费回家路过湘剧艺人们住处时，见他们十几个人在煮稀饭吃，田汉过意不去，立即把刚领的稿费交给吴绍芝和彭菊生，要他们快去买点米和菜回来让大家吃饱点，可是他自已回家时却两手空空一无所有，那时我母亲还依靠在大门的墙上等他的米来煮饭呢。后来广西艺术学院的院长欧阳予倩知道后立即送来了米和油，徐悲鸿、叶浅予、郭沫若、李济深都大力相助，好朋友洪深也从外地托人送来了钱，帮田汉度过了那艰苦的日子。那时田汉虽然日子过得艰难，但他却一刻也没停止写剧本，经常穿一件破背心，点着蜡烛，通宵达旦地写。半夜里祖母用开水泡一碗饭给他充饥。在那种情况下田汉没有倒下，以男子汉的骨气，以湖南人的牛脾气，一直活跃在抗日战争的后方。他以他个人的能力和斗志协助了广西艺术学院组织庞大的西南剧展，把全国流落到桂林的各个文艺团体组织起来演出，唤起民众共同抗战。

在这段时间，他还是写出了不少新戏，如《江汉渔歌》《新武松》《新会缘桥》《再见吧，香港》等等。而且把流散在外的湘剧艺人组织起来，成立了“中兴湘剧团”，吴绍芝、彭菊生、庄华厚、吴叔岩、谭金林、吴运生、易华茂、姚云秋、庄秀英、于金生、姜南生、易同瑞、曹清和、言同和、易和生、阎罗生、梁同美、赵长林等十八个人经过战斗的洗礼，终于成为了湘剧革命的种子。田汉尤其对有文化的吴绍芝、彭菊生、徐绍清称赞有佳，他认为艺人有文化又有骨气，是大家要学习的榜样，湘剧这颗艺术的种子一定会发芽、成长、壮大。

就在大家专心致志地排练田汉为湘剧写的《新武松》时，国民党政府却认为剧本有讽刺挖苦政府的言词，当晚就抓走了几个演员。彭菊生正好不在家避开了抓捕，他就跑去告诉了田汉，田汉立即又告诉了欧阳予倩。二人正准备去师管区兵役科交涉，在出门时田汉突然急中生智，换上了三厅少将的制服，他以三厅少将身份对兵役科的人说，抓捕的这几个人都是三厅领导下的工作人员，把他们抓去是错误的，应立即释放。然后田汉带着这几个艺人回到住处，让他们赶快换衣化装坐船先回湖南。田汉这次机智巧妙地利用了国民党的军服做了件救人一命的大好事。后来田汉接到周恩来的通知，要他去重庆协助工作。离开桂林时他心系着全家老小，只好和我父亲商量，让我父亲带领全家老小和“中兴湘剧团”返回长沙，打回老家去，重建艺术阵地。他在临走时还给我母亲写下了一首诗《赠绮霞》：

添得明珠掌上擎，
壮怀如火别山城。
歌喉每日勤磨练，
好为人间吐不平。

就这样田汉为了国家的需要和安危，告别了年迈的老母和亲人，又奔向新的战场——重庆。

时间过得真快，转眼间到了1948年，那时从北方传来阵阵的炮声，中国人民解放军开始解放全中国了。这年的夏天田汉静悄悄地回到长沙，他原计划把祖母安排到乡下居住，然后带着我父亲一道去解放区迎接新中国的解放。当他一踏上热恋的故土，来到祖母的住处，见到阔别十年的母亲，不禁热泪双流，他紧握着母亲的手连声喊道：“妈妈，妈妈，寿昌我又回来看您了，您还好吗？”“好，好，好，妈妈好想你呀。”田汉走进这又黑又潮湿的矮木房，忙问我父亲怎么住这里？我父亲说这个地方安全，贫民窟。田汉点点头说，现在局势很乱，他回长沙是想把母亲安排好，不要过多声张。

万万没想到第二天长沙茶馆里、戏园子里、艺人中间都知道田汉回来了，长沙市戏剧同业公会来拜访田汉，说长沙湘剧、皮影戏剧、湘剧票友、京剧及新闻界将举行欢迎大会。盛情难却，离开大家十年了，他也很想见见老朋友。第二天当田汉来到高井街湘春园戏院，一下子就被大家围了个水泄不通。劫后重逢，倍感亲切，激动的艺人们都争先恐后地与他握手。在一间化妆室里，1938年参加抗敌宣传队的黄元和、王申和、徐绍清、贺华元、罗元德、廖申翥、王华运、余福星等你一言他一语地争作汇报，叙述八年抗战中的人和事，湘剧遭受严重摧残，艺人的生活颠沛流离。田汉目审一圈后问道："吴绍芝、欧元霞、罗裕庭呢？"众人都沉默不语了。还是三队队长黄元和说，除他们三个人外，还有胡普临、董海奎都死于国难之中。田汉听后流下了眼泪，他在四百多人的欢迎大会上怀着无比的难过心情说："以前社会流传说什么戏子无义，今天我可以告诉大家，戏子不仅有情而且还有义，他们可以为国捐躯，为国赴汤蹈火，为国抗战杀敌，抗敌宣传队是湖南人民的骄傲，是一面永远飘扬的战旗。"为了怀念死去的战友，散会后他挥毫写下一首新诗：

梨园同有寸心丹，
百战罗吴数二难。
歌舞何须叹消歇，
精忠今已照人间。

几天后田汉和我父亲去了一趟老家，见那里的土豪劣绅都

田汉夫人安娥女士

用怀疑的眼光看着他们，认为他们是共产党。让祖母一个人在乡下生活很不放心，最后田汉决定还是让我父亲在长沙照顾祖母，等他在解放区安顿好了后再来迎接祖母。返回长沙后，长沙戏剧界召集了各个剧团、剧院、电影界、京剧界、湘剧界、楚剧界、汉剧界、花鼓戏界等一千多人在织机街黄金戏剧院开大会，听田汉讲话。下午皮影戏剧团还为大会专场演出了《哪吒闹海》《五更劝天》，晚上又看了京剧《黄金印》。在一个风雨交加的夜晚，田汉和夫人安娥又静悄悄地离开了长沙，经南昌到上海，与音乐家盛家伦一道乘船由天津唐官屯进入到解放区，田汉的生活又开始翻开新的一页了。

中华人民共和国成立后，国务院任命田汉为文化部戏曲改进局艺术局局长、中国戏剧家协会主席。从那天起，他的工作更忙，接触的人更多。

1952年，文化部和中宣部决定在北京举办全国戏剧汇演，先由各个市挑选最好的在省里演出，评为优秀的节目后再到武汉来评选，当时中南五省是湖南、湖北、广东、广西、江西。有一天负责中南五省汇演的崔巍同志从武汉打电话给北京的田汉，告诉他湖南代表团的戏出了问题，说在武汉评选中代表湖南的节目只有衡阳的湘剧《醉打山门》，常德的汉剧《思凡》、花鼓戏《刘海砍樵》、湘剧《双拜月》，没有长沙的湘剧。田汉闻信立即赶到武汉，看到这情况后马上通知我父亲立即从长沙带上湘剧《扫松》和《琵琶上路》赶来武汉。

当时我父亲任湘剧团团长，他把这两个戏的原班人马全部带上连夜赶往武汉，田汉和各级领导又重新审阅节目，一致认为《琵琶上路》不错，另外将《扫松》改换成《打猎回书》，准备代表长沙市的节目上京参加汇演。到北京后田汉请来了欧阳予倩、梅兰芳、肖长华、王瑶卿等几位老先生指导帮助湖南代表团，欧阳予倩还重点辅导肖重珪的身段。通过大家的努力，湖南六个节目都得到好评。在评奖会的前夕，汇演办公室灯光明亮，发言的争先恐后，有部分专家认为《琵琶上路》的张广才出身不好，是一个大地主，当时中国正在分土地划阶级出身，所以《琵琶上路》这宣扬地主阶级的戏不能评上。会议上争论热烈，看完演出后的周恩来总理也来到会议室，他征求田汉的意见，田汉说，多少年来，湖南民间就流行一句“骂不死的蔡明凤，打不死的蔡伯喈”，只要是戏班子生意不好，就马上演出《琵琶上路》，肯定会引来劳动人民前来观看，可以说是百演不衰。周恩来总理听后连连点头说，看来《琵琶上路》还是很受人民喜欢的，是有一定的人民性的剧目，不然怎么会百演不衰呢？经过大会再三评议，被评为一等奖。会议结束后，电影导演崔巍特别带领中南五省评奖节目在全国巡回演出，把湖南的地方戏曲介绍到全国，还与各兄弟剧团进行了艺术交流和同台演出。

1956年，田汉作为人民代表和史学家翦伯赞来长沙视察。他们放好行李后两个人就来到湘江河边，隔江眺望橘子洲头和岳麓山，边看边想起当年他们年少时的风华正茂，回忆起青春时代的学习时光。然后漫步到八角亭，参观湘绣厂。

他们刚走出湘绣车间就被长沙市艺联湘剧团的演员发现，他们高喊“田先生”。喊声立刻引起了不少过路人的注意，人们都围了上来，演员们把田汉请到他们宿舍，田汉在这里又遇到不少阔别多年的老朋友，与他们促膝谈心，问长问短。宿舍拥挤不堪，潮湿、黑暗、不通空气，一家人与一家人仅用蚊帐隔离，生活条件极差，田汉与翦伯赞看到这些心里十分难过。到吃晚饭的时候了，田汉的秘书提醒要告辞了，艺人们哪里肯放行，大家七嘴八舌地说：“您来长沙首先就到了我们团，这是我们团的光荣和骄傲，我们一定要请您吃一餐便饭。”田汉与翦伯赞相互点点头说：“公家请客我们就不吃，私人请客我们就领情了。”于是只见艺人们七拼八凑地把钱交给团长，然后在潇湘酒家热热闹闹地吃了一顿便饭，艺人们非常开心和激动，饭后田汉叫秘书从自己的稿费中拿了三百元送给剧团，感谢他们的盛情款待。

第二天，田汉在省市文化部门领导陪同下去参观视察了几个湘剧团场所和演员们的宿舍，也观看了省湘剧训练班小学生的练功和演出，还在“天心阁”会见了抗战时期的近二十位老先生，大家畅谈新旧生活的对比，也对湘剧的发展和节目发表了很多意见。由于那天下雨，田汉在合影留念的照片上写下“听雨会”三字，会后田汉又将自己的稿费连同工资一起约二千元，分别赠送给生活非常困难的老艺人以及老艺人的遗孀，以示对他们的慰问。

下午他陪程潜省长去看湘剧训练班学员的演出《盘貂》《小将军打猎》《拔火棍》等折子戏。演出后田汉发现演员行头都是借来的，生活条件差，他拿出五十元奖励小学员，说给他们改善伙食增加营养，然后对程潜说请程省长以后多关心这些小学员，他们将来是湘剧的人才和栋梁。不久，程潜省长开始批钱批物来支持和培养这一代湘剧精英，那批小学员中后来成为湘剧名家的有左大玢、王永光、项汉、李自然、左白一等，他们真正担起了湘剧的重任，成了承前启后的栋梁之才。

晚上田汉去看了贺华元、王申和演出的《双包案》。王申和扮演假包公，上台有四句念白，可是王申和见田汉在台下看戏，他很激动地将剧本台词改为“王朝马汉两边排，田青天已到湖南来，尔等有何冤情事，一一从头诉讲来”。演出结束后田汉走上后台与大家握手，感谢大家的演出，当他握着王申和的手时说：“申和呀，你不应该把我扯到戏里去呀，我一不是包公，二不是青天老大人。再者唱戏是一种艺术，应该严肃对待，旧社会的习惯要改呀。”几句话讲得王申和连连说是，不应该在台上开玩笑。其实田汉也是讲给大家听的，新社会的艺人要彻底地改变那旧社会的坏习惯，一个好的艺术家要德艺双馨，德高望重。

田汉回到北京后，把他在长沙调查的情况写了两篇文章《必须切实关心和改善艺人的生活》和《为演员的青春请命》，分别发表在《戏剧报》。

1962年冬，田汉受湖南省文联邀请来长沙参加第三次文代会，同行的有戏曲史专家周贻白和电影艺术家郑君里。会议在湖南宾馆召开，会议人员也住在湖南宾馆。每天散会后或休息时田汉房间里总是高朋满座，人来人往，如抗战时期的话剧六队的刘斐章、刘高林，湘剧的徐绍清、杨福鹏，年轻领军人物彭俐侬、王福梅、陈剑霞等天天都要来和田汉聊天谈戏，特别是从湘潭赶到长沙的"假包公"王申和因为没代表证而被拦在宾馆外面，田汉闻知后派人把他接到房间嘘寒问暖。田汉在文代会上作了《加强团结，繁荣创作》的讲话。在休息时间他去看演出，去演员宿舍看望老艺人，他连续看了省湘剧院的《琵琶上路》《李逵闹江》《三哭殿》，看了长沙市湘剧团的《金丸记》，省花鼓戏剧院的《谢瑶环》，长沙市花鼓戏剧团的《山伯访友》《装疯吵嫁》，还和周贻白、郑君里到岳麓山下的湖南戏曲学校看望师生。在欢迎他的人群中，他认出了几个抗战时期的老朋友，贺华元、庄华厚、何冬保、王华运等。当时王华运握着田汉的手悄悄地说："田先生，我们想请你吃一餐便饭。"田汉说："好呀，我们好久没叙叙旧了，你跟三爷联系后告诉我（老一辈都称我父亲为三爷）。"

几天后田汉和周贻白来到湖南剧院宿舍，仓后街5号，宿舍楼下正好有一间空房子作为饭厅。那天由参加过抗敌宣传队的名小生王华运、湖南剧院业务干部黄润华、湘剧名丑角肖百岁三个人掌勺。头一天三个人就把菜单列出来，有全家福（大杂烩）、红烧肉、红烧鲤鱼、清蒸鸡、红烧肘子、芹菜炒肉、大蒜炒辣椒、香菜炒牛百叶（他们知道这是田汉最喜欢吃的菜）、卤牛肉等满满当当摆了一大桌。肖百岁从家里拿来一瓶虎骨酒说："无酒不成席，今天我们每人喝一点，祝田先生身体健康，常回家看看，常回家吃饭！"王华运也接着说："我1938年就跟随田先生参加革命队伍，今天终于能请到田先生吃次便饭，真是我的荣幸，我们一起来干一杯！"大家你一言我一语地开怀畅饮。田汉指着那盘牛百叶问，这个菜是哪一个炒的？肖百岁把手一指黄润华说，是他特意去奇珍阁学来的，田汉忙向周贻白介绍说，这个菜真不错，色香味一点也没变，润华可以当大师了。这时黄润华忙说，你们慢吃，我再炒一个菜来，你们喜欢吃。几分钟后他把一份热气腾腾的红菜苔送上桌了。这个菜北方很少有，他是在1957年和我父亲去北京请马连良、张君秋来长沙演出时，去过田汉家几次，在那里就听说田先生喜欢吃长沙的红菜苔、菠菜、空心菜。说者无意听者有心，所以那天他早早就买了红菜苔，要请田先生吃一份新鲜而又可口的家乡菜。田汉举起酒杯说谢谢大家了，更是感谢这三位老朋友的盛情款待。

吃完饭后，我父亲事先就安排好了，去八角亭鱼塘口的华昌照相馆拍照留念，队伍大概有十几个人。田汉走到五一广场湘绣大楼前，用手指着当时的银星电影院说，1938年那个地方就是我们办《抗战日报》的地方，再又指着对面说那是当年的"文华戏院"，大家都围着听他讲历史。他对身后的黄润华说："过两天我要回北京去了，你今晚来一下宾馆。"当一行队伍来到华昌照相馆，一级摄影师肖师傅和黄师傅及照相馆全部人员都站在店门口迎接大家。他们把大家接到二楼大厅，那里早就布置好了灯光背景，首先是照集体照，大概照了几张后就给田汉照个人标准相，周贻白也照了标准相，再就是几个人与田汉合影照相。照完相后他们把田汉引进到一间房子里，只见里面放了一张桌子，上面放了笔墨纸砚，要请田汉与周贻白题字。那时已是下午一点半了，我正在读中学怕迟到，只好背上书包上学去了，他们写的什么我不知道，晚上我问父亲，他说周贻白写了几个字，田汉写了一首旧诗：

长驱尘雾过湘潭，乡国重来忍细谈。
市烬无灯添夜黑，野烧余焰破天蓝。
桃砖页土人千百，挈妇携雏户二三。
犹有不磨雄杰气，再从焦土建湖南。

当天晚上黄润华一个人去湖南宾馆拜访田汉，当时田汉房间里客人不少。田汉见他到来非常高兴，他从桌上拿了一本梅兰芳先生写的《舞台生活四十年》的书给他，扉页还写着“田汉同志惠存”，落款“梅兰芳”。田汉说：“梅兰芳先生曾夸奖过你，说你是那次长沙演出的功臣，我现将梅兰芳先生的赠书转送给你，留作纪念，也希望你今后多协助田洪工作，为他出谋划策，共同搞好湖南的演出市场。”

这次湖南文代会结束后田汉返回北京，谁也没想到这是田汉最后一次回湖南，最后一次和艺人们促膝谈心，最后一次和大家见面。田汉一生是为戏剧而生，为戏剧奋斗的一生，他人生的每一个阶段都和国家命运息息相关。他光明磊落，敢说敢干，吃苦耐劳，关爱艺人，一生都用笔来战斗，用笔来创作历史。这就是田汉，一个有着湖南人性格的田汉。

十七　昆　剧——
一戏救活一剧种
山窝飞出金凤凰

1956年4月上旬，南方已经是春意盎然，北京还依然寒冷。身为中国剧协主席，田汉有干不完的工作，开会、看戏、讨论、写文章、会见外宾。他虽然已是快60岁的人了，可依然精力充沛，思维敏捷。

有一天他从《北京晚报》上看到一条演出广告，江苏省苏州昆剧团在前门广和楼剧场演出《十五贯》，下午他叫秘书买了8张票，并且告诉祖母，晚上早一点吃饭，大家一起去看戏。祖母很难得出一次门看戏，一是年纪大了，二是天气寒冷，但是听说去看戏，她高兴得像小孩一样。晚饭后田汉把祖母和我的两个姐姐都带上，小车开到铁狮子胡同去接欧阳予倩夫妇一道去剧场看戏。来到前门看到的是满街霓虹灯闪烁，五彩缤纷。但是走进剧场一看，却鸦雀无声，只见两个老人坐在后面，表情十分难堪。田汉用眼睛一扫，本来笑容满面的他一下沉默不语了，他非常气愤地说："这是怎么搞的？这宣传工作是怎么做的？”欧阳予倩也深有同感地说：“是呀，这么好的戏怎么没有人来看？”场内除了两个观众，再加上田汉、欧阳予倩两家外及两个司机共十二人，剧场经理和服务员直摇头说：“没办法，北京人不喜欢看昆剧。”

开演时间到，锣鼓一响大幕拉开，一场特殊的演出开始了。《十五贯》的内容是讲一个叫娄阿鼠的人因偷盗不成而引起的一桩杀人案，当地县官不深入调查了解，主观臆断和官僚作风，草菅人命，误将熊友兰和苏戌娟判为死刑。后来清官况钟发现案情有冤，进行深入调查，又与凶手娄阿鼠在庙里相遇，两人在庙中“测字”一场戏中，况钟通过反复的查问，终于把杀人凶手娄阿鼠捉拿归案，为民除害，大快人心。剧情一环扣一环，演员也表演得精彩绝伦，特别是饰演况钟的老艺术家周传瑛表演精湛，他那大义凛然、与娄阿鼠斗志斗勇的表演赢得一片掌声。演娄阿鼠的王传淞更是浑身是戏，他把娄阿鼠的狡猾和见风使舵表演得惟妙惟肖，小丑功夫无与伦比。散戏后田汉和欧阳予倩走上台与大家握手祝贺，夸奖苏州昆剧团是一枝不朽的兰花，他们的表演真的是精、妙、绝、能，要好好发扬光大。受到两位戏剧前辈的夸奖和评价，全体演职员报以了热烈掌声。

在回家的路上田汉坐在汽车里一言不发，直到司机说到家了田汉才如梦方醒，因为他一直在思考明天要怎么去为苏州昆剧团作宣传，明天如何发动大家去看演出等一系列问题。

第二天清晨田汉首先就来到戏剧家协会与各级领导谈了昨晚苏州昆剧团演出的情况，要剧协当晚组织全部工作人员买票去看戏。接着他又去文化部向周扬汇报了情况，之后向周恩来总理作了详细汇报，同时也向首都各个文艺团体和新闻媒体大力介绍和宣传，组织大家前去观看。就那么一二天内，前门广和楼剧场一下子就变得灯火辉煌，《十五贯》一票难求了。特别是周恩来总理和在京的中央领导都来前门广和楼剧场观看演出。总理看完后上台接见了全体工作人员，说道："你们做了一件好事，《十五贯》很有教育意义，批判了主观臆断和循规蹈矩的官僚作风，歌颂了实事求是的精神，我们有的官僚主义者比戏中的巡抚还严重，这巡抚是我们的镜子，衙门外那堂鼓就很好嘛，你要见他，他官僚主义不见你，你一击鼓他就只好出来了，这是反映了人民群众的一种愿望。"毛主席在中南海怀仁堂也连续观看了二次《十五贯》，作出了三条指示：第一是祝贺《十五贯》改编和演出成功；第二要推广，凡适合演出的剧种都要推广演出；第三对剧团要奖励。

5月18日，田汉在《人民日报》上发表了《从"一个戏救活了一个剧种"谈起》。文化部和中国剧协联合举办了关于《十五贯》的座谈会，首都文艺界的著名学者、演员近200多人在中南海紫光阁进行研究和讨论，给予了苏州昆剧团一个很高的评价，让一个濒临灭绝的剧种从此在祖国大地上鲜花盛开，百花争艳。

1957年，全国发动了一场声势浩大的反右运动，我父亲无原无故地被卷入其中。大家都知道田汉曾经发表了为民请命的文章，当时就有人想把他打成右派。后来周恩来总理保住了他，而我父亲却不能幸免。一夜之间我们家就从天上掉到地下，并且还由别人执笔以我父亲名义写出《向湖南人民请罪》发表在《湖南日报》头版头条。我父亲被关押起来，我母亲因此受到了无辜的牵连，剧团也剥夺了她上台演出的机会，安排她每天在传达室收发报纸和信件。

有一天，郴州地区湘昆剧团来省湘剧院邀请老师去郴州教学。当时任副院长的彭俐侬说：“这里有一个老师，她是田汉的弟媳，也是我以前的老师，你们可以把她请去。”当时我母亲还没到40岁，由于受到我父亲的牵连，她一直不能登台演出，内心十分痛苦，她不愿意在传达室里浪费自己的青春和艺术才华。她在1937年就参加了抗敌宣传队，跟随田汉干革命很多年，见过很多大风大浪。她利用探望我父亲的机会与他商量，我父亲要她拜托绍益娭毑暂时照看我们，等他问题解决后家里就会好的。绍益娭毑是湘剧名老艺人陈绍益先生的夫人，陈绍益也是在1937年参加抗敌宣传队的，他死后我父亲就把他夫人接到我家，后来又把她请到北京照顾祖母，前后在我们家有30多年，直至祖母1972年逝世才回到长沙。因此我母亲毫不犹豫地答应了郴州湘昆剧团的邀请，她牙一咬脚一跺，离开了关押中的父亲和还不懂事的四个小孩，含悲忍泪一个人去那遥远的郴州赚钱来养家糊口。

湖南有一句老话：“船到郴州止，马到郴州死，人到郴州打摆子。”可想而知那个时候的郴州是一个何等落后又贫穷偏僻的地方。当时剧团称为“郴州地区湘昆剧团”，实际上剧团刚成立不久，而且演员都是十八九岁的青年人。到郴州的第二天，母亲就开始把自己毕生的舞台艺术经验全部传授给这些学员，教他们如何化妆、贴片、扎头饰、走台步、玩枪弄剑。早晨踢腿、下腰、跑圆场，每天教他们形体训练和戏剧辅导，使这些刚刚成人的学员们学到了很多舞台知识。母亲还和剧团一起去工厂、农村、部队、城镇演出。

有一次母亲在郴县五里牌演出的空闲中与学员们聊天，问他们去过北京吗？他们都不停地摇头不语，只有唐湘音说：“我们长沙都没去过，哪里去过北京呀，要是能去北京见毛主席那就好了。”说者无意听者有心，剧团演出后回到郴州放假几天，我母亲急忙赶回长沙，将湘昆剧团的情况和学员的想法都告诉我父亲了。那时我父亲已摘掉右派的帽子，已安排在湘江剧院任副经理。于是父亲就把湘昆剧团学员想来北京拜师学艺的事情告诉了田汉，田汉见信后非常高兴地说：“他们想来北京拜师学艺这是一件好事呀，叫他们加紧学习，欢迎他们来北京，要让‘养在深闺人未识’的剧种重放光彩。”

当湘昆剧团知道这激动人心的消息后，大家全力以赴，作为一项重要任务来完成。由于当时受到三年自然灾害的影响，经济生活非常困难，剧团决定大家去北京时都自带被子，还带上米和油。田汉知道这情况后认为不妥，自己有责任来帮他们解决这些问题，于是他亲自向中宣部写了一份报告，要剧团负责人速来北京向中宣部递交上去。当时正值我祖母生日，我父亲决定让我母亲带剧团刘殿选团长赶去北京，名为给祖母拜寿，实为给剧团递交报告。报告得到中宣部部长陆定一的批示，又经过文化部、文联、中国剧协各级审批，最后解决了剧团吃、住、行的一切费用，大功告成。

1961年11月，湘昆剧团学员唐湘音、雷子文、宋信忠、文菊林、郭静蓉、孙金云等一行十六人坐了二天一晚的火车终于到了首都北京，安排住在“东四旅社”。第二天下午田汉邀请全体人员到家做客，田汉见到这些学员们后，与他们一一握手，用湖南话与他们促膝谈心，说湖南山区的桂阳、嘉禾发掘出了湘昆是“山窝里飞出的金凤凰”。湘昆虽然是古老的剧种，而他们是最年轻的剧团，也是最年轻的演员，在北京这几天会安排好他们的一切，让家乡的客人过好每一天。行程中安排他们去故宫看看什么是金銮殿，去长城，颐和园，还要为他们演出做好宣传，更重要的是还要为他们每一个人找一个好老师。

两天后湘昆剧团在中国文联礼堂演出，演出前我祖母特别为这些学员送来了人参汤，给他们喝，让他们提提神，不要紧张，要为湖南人争光。开演前田汉还走上舞台讲话，热情洋溢地介绍了这古老的剧种和这些学员们的精神。那晚演出了《拦马》《罢宴》《醉打山门》，演出后得到了很多艺术家和专家的掌声，一致称赞这些学员演得不错，演出非常成功。

演出后第二天田汉又组织首都文艺界、戏剧界、新闻媒体和专家召开了座谈会。大家对这些学员的表演给予了很高的评价和赞赏，特别是北昆的名演员侯永奎说：“昆曲基本上都失传了，没想到湖南还保留下了这个珍贵的剧种，真不容易。”他话未落音，田汉马上接过话题说：“他们这些学员们千里迢迢来北京就是来拜师学艺的，我看事不宜迟，明天我就带他们来北昆拜师吧。”田汉话音一落立即响起了热烈的掌声，这拜师学艺的事情就一锤定音了。第二天田汉亲自出马，带着这帮娃娃来到北昆，参加拜师的人员有艺术家白云生、侯永奎、侯玉山、马祥麟，文化部艺术局局长李伦，戏剧家张庚、阿甲、张东川，昆曲名家俞平伯，北昆院长金紫光等。

在剧团即将回湖南时，田汉又一次请大家到家做客，并且勉励大家要谦虚谨慎，戒骄戒躁，尊师重道，勤奋学习，回去后要把湘昆剧艺术发扬光大。这次从北京拜师学艺回来后，湘昆剧团名声大震，全体人员更加刻苦努力，对艺术精益求精。接着剧团又在湖南进行了巡回演出，获得了更大的丰收和声誉。不久郴州湘昆剧团改名为湖南省湘昆剧院，由几十号人变成一百多人的队伍。田汉还为他们写了个“湖南省昆剧团”牌匾。田汉身为中国剧协主席，与湖南湘昆剧团只一面之交，经他全力相助，一个偏僻的嘉禾县湘昆剧团终于成为山窝里飞出的一只金凤凰，现在是越飞越高，越飞越远。

十八　最后的艰难岁月

京剧《谢瑶环》是田汉生前写的最后一个剧本。写作这出戏的起因，是1961年田汉在陕西看了碗碗腔《女巡按》后，感到这个戏很有震撼力。故事是讲武则天身边的婉儿奉旨南巡，在苏州她严惩权贵，为民除害，深得老百姓喜爱。于是田汉回到北京后根据陕西碗碗腔《女巡按》将其改编成京剧《谢瑶环》。

因为那些年首都的舞台上上演的都是一些传统的老节目，满足不了广大观众的需要，大家希望更多的好戏上演。中国京剧院的演员杜近芳没事就常来细管胡同看望田汉，闲谈之后就说想请田先生给她写个剧本。杜近芳是中国京剧院的名演员，嗓音好，扮相美，而且生旦两角都能演，她演青衣是美丽动人，演小生更是英俊潇洒。田汉觉得让她来演《谢瑶环》是最理想不过了。于是剧本写完后，他就交给中国京剧院，由郑亦秋导演，唱腔设计是王瑶卿。经过田汉大手笔的改编，全剧在情节结构、角色行当和艺术表演上都有很大的创新，剧情环环相扣，引人入胜。奉命南巡的谢瑶环从微服私访的开场到耐人寻味的悲剧结束，让演员在舞台上尽情发挥了自己的艺术才能，他们潇洒自如的表演，把美与丑、恶与善的对比展现得淋漓尽致。剧本突出了谢瑶环的智慧和胆识，强化了京剧迷人的魅力。当时评论界将《谢瑶环》一剧称之为“新编历史剧”，在北京演出效果盛况空前，全国各地的文艺团体也都来北京参观学习，然后各剧团回去将《谢瑶环》移植改编上演，演出效果也都非常不错，观众看得人心振奋，喜笑颜开。

就在文艺界一片欣欣向荣时，1963年12月和1964年6月毛泽东对文艺界作了两个批示，指出文化部已成为才子佳人部，帝王将相部，死人洋人部……许多部门至今还是死人统治着，至于戏剧等部门，问题就更大了……许多共产党人热心提倡封建主义和资本主义的艺术，却不热心提倡社会主义艺术，岂非咄咄怪事。他的两个批示传达出去后让康生、张春桥、姚文元、江青等人感到有机可乘了，他们借毛主席的批示，开始四处摇旗呐喊、发号施令，号召文艺界要大写特写十三年，要大演现代戏，要把帝王将相、才子佳人统统赶下舞台。然后康生又利用手中的宣传工具率先向孟超编剧的《李慧娘》开出了第一枪，发动全国文艺界对他进行批判，指出此戏是宣传“有鬼无害”论，借古讽今，指桑骂槐攻击共产党。在1966年康生又指名道姓地对田汉的《谢瑶环》进行批判。

1979年田汉平反时，我听杜近芳与我父亲说，田汉为《谢瑶环》与康生大吵了一架，说康生是恶意陷害和仗势欺人，康生在自己掌握的《人民日报》上发表文章，直接点名“田汉的《谢瑶环》是一棵反社会主义的大毒草”。而远在上海的姚文元也遥相呼应地对京剧《海瑞罢官》发表了长篇批判文章。那时的文艺界一下子变得人心惶惶、不知所措，随后中国文联奉命派出工作组进驻到文化部各个部门进行调查，开会讨论，听取作者检讨，发动大家批判检举揭发，一时间人人谨小慎微，提心吊胆，不敢乱讲乱说。

当时组织上宣布对田汉作内部批判处理，田汉只好每天在办公室写检讨，而且还要在检讨会后听取别人对自己的批评。田汉就是田汉，每次对他批判时，他反复强调自己是一个在30年代就加入了中国共产党的老党员，对党对毛主席是赤胆忠心，他热爱自己的祖国和人民，又怎么会去反党、反社会主义呢？在那些大小会议上，对他进行批判的人都是全国各地来北京开会的知名演员和艺术家，田汉万万没想到，这些批判自己的艺术家都是自己培养和赞美过的演员。特别是文化部为了让大家更加了解《谢瑶环》一剧，特意组织大家重新看一场特殊的《谢瑶环》，看完后好在第二天发动大家进行批判。演出特定在北京东单青年艺术剧院，让中国京剧院原班人马再演《谢瑶环》。演员都知道台下的人都是来看“大毒草”《谢瑶环》的，所以胆战心惊、提心吊胆地完成了演出任务。而台下的是文化部全体干部，大家互相都不敢交头接耳。演出结束时，没有掌声时，没有谢幕。所有人心知肚明这是作为批判田汉的反革命教材，为了第二天写大字报开始向田汉进行声讨和批判，按照康生指出的戏中的台词“载水之舟亦能覆舟”以及“为民请命何罪之有”，说田汉想推翻中国共产党，想借“为民请命”来推翻社会主义。通过田汉写的《谢瑶环》剧本来看，田汉早就预料会有这么一天到来，他多次提出“为民请命”，一定会得罪一些人，他知道自己迟早会遭人陷害，因此在剧本中就表现出了他的胆魄和意志。如谢瑶环被武三思押上公堂时，她唱出了：

忽听得堂上一声喊
来了我忠心报国谢瑶环
打武宏权贵皆丧胆
斩蔡贼酷吏也心寒
明知道朝中必结怨
只要除万民仇
那顾得一身安！
狗贼子告诉我要谋反
血口喷人嫁祸端
自古道忠臣不怕死
硬心肠我把大堂转
他有一言我一语还！

从这几句唱腔中就可以看出他的胆量，这就是他做人的真实写照。当田汉最后生命垂危的时刻，专案组还在要他承认自己是叛徒和特务，强行逼他签字或按手印。田汉怒不可遏，对专案组的人说："在国民党那里你们查不到我田汉一个字，一个手印，我不是叛徒，我是一个真正的中国共产党党员！"

接着中央成立了一个"文革"小组，其中有陈伯达、康生、江青、张春桥、姚文元等。后来的"文化大革命"就是在他们的指示下对很多开国元勋、国家领导人、党政军负责人痛下毒手。江青一手遮天地统治着文艺舞台，把许多文艺界老前辈、艺术家关押、批斗。田汉对江青的过去是了如指掌的，她30年代就曾在田汉家吃住，但田汉并没有给她一次拍电影的机会，所以江青后来一直仇恨田汉。时机已到，所以清除田汉是江青的第一件大事。

1964年，对田汉的错误文化部还是只作内部批判，他的一切职务未动，他依然参加一些文艺活动和外事接待，元旦一过他带着秘书从北京直奔上海参加华东现代题材话剧会演。到上海后他发现以前的朋友和演员在都有意无意地躲开他，以往他住的房间总是高朋满座，而现在都不见人影。特别是在闭幕式的主席台上田汉发现没有自己的名字，身为中国戏剧家协会主席，中国文联副主席的田汉感到受到莫大的侮辱。他望着台上坐着的柯庆施和张春桥，看到他们那趾高气扬的奸笑样子，心想他们只不过是跳梁小丑。田汉从台下站了起来，面对这些野心家，他迈着坚定的脚步朝门外走去。当他从人行道上通过时，那些久违的朋友，那些曾经受过田汉关心和爱护过的艺术家，都随着田汉的身影慢慢目送他走出会场。大家在心里只能默默地祝田汉走好，因为大家都明白当前的形势，正是江青、柯庆施、张春桥一伙在占领文艺舞台，此时此刻谁也不敢和田汉打一声招呼或说一声再见，不然马上就会有灭顶之灾。

田汉带着秘书当天就离开了上海。上海是田汉青年时留学回国的第一站，他在上海创办了自己的《南国月刊》，组建了自己的“南国社”，开办了“南国艺术学院”，结识了不少朋友，也创作了不少的电影歌曲、诗词歌赋、话剧京剧等作品。他前后在上海整整生活了17年左右，对上海有着深厚的感情和留念。特别是《义勇军进行曲》也是在上海诞生的。

悲愤中的田汉决定当天赶到苏州去会见老朋友阿英。那天由苏州文化局副局长阿英的女儿陪着田汉去参观苏州有名的司徒庙。当他走到寺庙内看到四棵古老的松柏，每一棵树都有一千九百余年的历史了，四棵树各有其名：清、奇、古、怪。那松柏虽然经过千百年的风吹雨打树皮脱落，但依然挺拔屹立不倒。田汉看到这挺拔不倒的松柏，他没有感到悲哀和绝望，没有被几个野心家得势而吓倒，而是感到自己更应该有责任来捍卫“百花齐放百家争鸣”的文艺方针和路线，他不会低头，不会退让，要坚决与他们斗争到底。回到住地后他用苍劲的毛笔挥毫写下七律一首《司徒庙古柏》：

裂断腰身剩薄皮，
新枝依旧翠云垂。
司徒庙里精忠柏，
暴风飘雨总不移。

田汉回到北京后参加了中国文联、文化部在北京饭店联合举办的春节茶话会，又参加了朝鲜驻华大使馆举办的两国政府签订五周年的宴会，还参加了文化部在首都剧院举办的优秀话剧创作和演出授奖大会，出席了全国京剧现代剧观摩演出的开幕式，观看了《奇袭白虎团》《自有后来人》《箭杆河边》《青年一代》等，还出席了全国政协会议开幕式。此时他自己也将电影《红色娘子军》改编成京剧。

正当田汉还准备老骥伏枥继续为党的文艺事业奋斗终生时，文化部下发一张通知，通知他去北京顺义县牛栏山公社

“劳动锻炼改造思想”，继续在乡下写检讨。作为农民出身的田汉听说下乡劳动锻炼，还非常高兴，虽然他当时已66岁了。他叫上在中国人民大学读书的我二姐来帮他整理东西。在帮他清理箱子时，里面只有几件换洗衣服，其他全是史书一类的读物。我二姐问他带这么多书下去干嘛呢？田汉兴奋地说：“乡下政府要我帮他们写村史，我对村史写作还是有把握的。”

田汉哪里会知道，这是江青、张春桥他们采用的缓兵之计，一场暴风骤雨即将向他打来。那时田汉患有严重的糖尿病，双脚肿得很厉害，每个月都要回北京打针。有一天回到细管胡同，在他家做了几十年的师傅阿杨突然眼含热泪地站在田汉面前说，中国剧协已经通知他了，说田汉这里不需要他了，叫他回老家去。田汉听后大吃一惊地说：“他们为什么不通知我，为什么不与我打招呼，如果我在家参加了会议，就是天塌下来我都会顶着，他们不应该因我的事情摊到你的头上。”沉思片刻后，田汉又说：“这样也好，如果一旦将来有什么事，我也好到你们家去养身呀。”当阿杨要离开细管胡同时，田汉把他送到大门口说：“阿杨，我对不起你，你跟随我几十年，忠心耿耿，任劳任怨照顾我，让我全身心投入到戏剧创作中去，你现在已经看到我力不从心了，没有能力帮助你了，但是我永远不会忘记你的。”阿杨走出大门转过身来，对站在门口念念不舍的田汉说：“田老，您多保重身体，我明年再来看你。”好一句“明年再来看你”，这就是他们的最后一次见面。

从田汉被内部批判后，他居住的细管胡同就变得冷冷清清无人来访，没有了往日的热闹和喧哗。有一天突然有人来访，田汉惊讶地发现来访者是自己在上海创办“南国社”时的学生赵一山，他也是杭州“五月花”剧社的演员，解放后去了香港，在香港他成立了“华文影片公司”，1965年专程从香港来杭州拍田汉的剧本《西厢记》。当时国内正在大力宣传和提倡现代戏，他的《西厢记》只好停拍，准备回香港再作打算。在回香港前他特地来北京拜访田汉，田汉看到他夫妇时非常高兴，这安静的细管胡同又传出了短暂的笑声。中国有一句老话“患难见真情”，在这四面楚歌的危险期间还有朋友来看他，田汉非常感谢地说：“谢谢你们夫妇了！”赵一山见田汉心情很不好，短暂的笑声后又陷入了沉默。他说他过几天就回香港去了，明天一定要请他去游颐和园。

第二天一早，赵一山夫妇就陪伴着田汉在颐和园内散步。熟悉田汉的人都知道，田汉走路聊天总是哈哈大笑，他的笑声会感染身边的任何人，在田汉身上从来也看不到困难和痛苦，但那天的田汉一直没有笑容。赵一山见田汉这个样子心如刀割，他坦诚地对田汉说：“我想请您到香港去，到那里帮我完成《西厢记》的拍摄工作好吗？如果您觉得可以的话，我会尽快去为您办一切手续的。”田汉停住了脚步说：“一山呀，我今天有点累了，我想回家去休息。”闻听此言，赵一山的眼泪一下蒙住了双眼。他跟随田汉工作几十年，从来没有听田汉说累过，也从来没见过田汉痛苦过。在走出颐和园大门时，田汉停下脚步双手握着赵一山的手说：“我二十多岁就加入了中国共产党，我是一个党员，国家干部，在这个时候我哪里也不能去，我相信党会给我一个公正的评价，谢谢你们来看我，再见了，赵一山同志！”然后田汉坐上汽车消失在车流之中，赵一山夫妇望着远去的田汉，流下了滚滚热泪。

1979年在北京召开的第四届文代会上，赵一山见到了我父亲，他们是“南国社”的同事，又是“五月花”的战友，两个人热泪盈眶。赵一山说，那一次和田汉先生游颐和园没想到是他们最后一次的相聚，更没想到那次拍的照片也是最后一次留念。如果那次把田先生接到香港去，那么这次文代会又会高兴地在一起了。不久赵一山先生还从香港把他和田汉先生最后的合影寄给了我父亲。

1966年元旦节过后，一个阳光明媚的星期天，吃完中饭后田汉笑着对祖母说：“妈妈，今天我请大家去看场电影。”大家很久没见他这么开心，于是田汉陪着祖母和我姐姐、姐夫等一家老小来到北京东四工人俱乐部看电影。当剧场灯光熄灭后，银幕上出现大型歌舞片《东方红》，电影中那大型的场景，优美的舞蹈，雄伟的音乐深深地吸引了田汉和大家。当电影中众人高唱《义勇军进行曲》时，田汉在座位上轻轻地唱着，手也在不停地打着节拍，内心显得那样激动和兴奋。散戏后回到家中，他还带着兴奋的心情对祖母说：“妈妈，这电影里面有我写的歌曲。”他怕祖母没听清又重复一遍说：“妈妈，这电影里有你儿子写的国歌。”祖母高兴地摸着田汉的手笑着说：“我晓得呢，我儿子是一个爱党爱国又孝顺的儿子，我的儿子是一个有出息的人！”

没过几个月，“文化大革命”开始了，田汉也被专案组带走了，中国人民共和国的国歌也被停放了。不久，新的国歌又出现在社会上。

《中华人民共和国国歌》

聂耳作曲　集体填词

起来，各民族英雄的人民，

伟大的共产党，领导我们继续长征，

万众一心，奔向共产主义明天，

建设祖国，保卫祖国，英勇地斗争，

前进！前进！前进！

我们千秋万代，高举毛主席旗帜

前进！前进！前进进！

1966年6月，田汉被红卫兵批斗后回到办公室继续写检查。突然间他想到自己的处境，也不知道明天又会怎么样。他

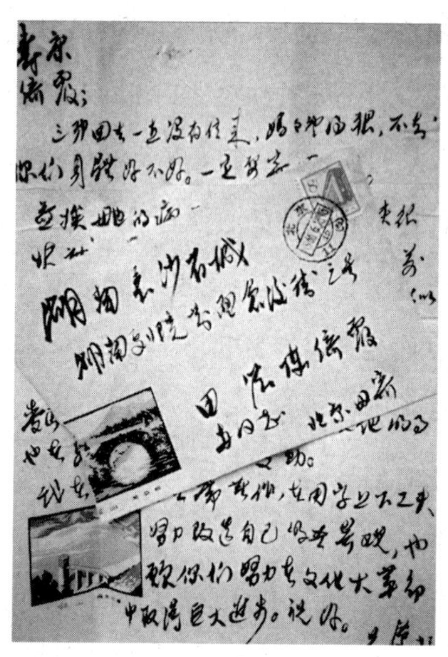

田汉写给弟弟田洪的最后一封信（1966年6月），不久便被造反派关押

想到应该马上给弟弟（田洪）一个交待，应该告诉他一点消息，但是他绝对不会把自己被批被斗的情况告诉弟弟，任何天大的事情他都会一个人去承担。于是他趁身边无人时迅速地给弟弟写下了他最后一封家书。

寿康，绮霞，三弟回去一直没有信来，妈妈想得很，不知你们身体好不好。一定要寄个信来。

绍益嫔驰的病不知好了没有？她来很快就七十了，这是个养老的问题，以前我还可以负担，现在是无此力量了。所以不能不考虑。

眼前这位赵大娘还能应付，妈妈吃面食很习惯了，食量有所增加，其它的事也在教她，暂时不想变动。

我在努力学习主席著作，在用字上下工夫努力改造自己的世界观，也愿你们努力在文化大革命中取得巨大进步。祝好。兄汉，十三日。

当我父亲收到这封信时，他已在外面被游街示众了，晚上他回到家里才看到这封哥哥的最后一封家书。我父亲当时也是湖南长沙文艺界最早被批斗的对象。他当时也没有及时回信去北京，他以为“文化大革命”只是批斗和游街示众，根本没想到自己的哥哥田汉会在这场运动中被迫害至死，更没有想到自己的妈妈和他一样坚信哥哥还在世，母子俩一直在等待田汉回来。我父亲认为哥哥田汉做官不做官是小事，因为他骨子里就有一种中国文人的风骨，身上流淌和继承着仁爱的血脉，无论他境遇如何，都让人亲近，让人怀念！

十九　难忘的1972年

1971年的初春，长沙市依旧是小雨加雪，寒风刺骨，天空中那灰蒙蒙的浓雾笼罩在长沙的上空。我家原本住在五一广场湖南剧院宿舍的一栋小洋楼里，那里是长沙的市中心，每天都热闹非凡，人来车往。

就在“文化大革命”运动刚刚开始时，我家就成了省文艺界红色造反派打砸抢抄的对象，每天都有省文艺界的红卫兵三番五次来，把信件照片书籍字画文物及生活用品等等都拿走，并且他们在走的时候还在我家门上贴有“勒令”二字，纸上写着“三天后立即滚出宿舍”。

有一天上午趁我小妹妹上学去后，造反派就用板车把我70岁的父亲和两张床一个桌子搬到坡子街湖南省京剧团的楼上。这楼上原是京剧团画舞台布景的地方，京剧团搬到新址后这里就成了废弃的场所。造反派在这楼上靠楼梯口的地方用废旧纸板钉了两间简单房子，废旧纸板又薄又肮脏，而且楼上既无水又无电，站在这窄小的木楼梯上感到随时都有倒塌的危险。

那天中午我妹妹放学回到湖南剧院宿舍时，只见到有人往房间里面搬家具，造反派对她说："这已不是你家了，你父亲已搬到坡子街去了。"我妹妹心急火燎赶到坡子街，终于在京剧团宿舍找到父亲。她见父亲像雕塑一样坐在楼梯口一动不动，眼睛里布满血丝，在那压抑的脸上可以看到无比愤怒的眼神。那时才十一岁的妹妹看到这破烂不堪的棚屋，看到可怜的父亲，她哭了。她非常不解这是为什么，为什么要让好好的一家人倾刻间无家可归。她的哭声就像一把利剑刺疼着我父亲的心，别人家的小孩都过着无忧无虑的生活，而我们家的孩子从小就受着这不公平的待遇。中国一句老话，人在屋檐下，不得不低头，我父亲拉着妹妹的手语重心长地说："我们不要去计较那些短暂的得失吧，我们唯一的要求就是要活下去，那才是我们的目的，不管他们如何得意忘形，他们是害不死我们的。"

在这场高压的政治运动斗争中，我父亲一直是强忍悲痛，忍辱负重。虽然住在这破烂不堪四面透风的棚屋里，但是他的内心是非常坚定的。生活虽然艰难，环境虽然恶劣，还每天要被游街示众，但这些打击都没有摧垮他那坚强的意志。他唯一的牵挂就是生活在北京的年迈母亲和生死不明的哥哥田汉。他和哥哥田汉生死与共几十年，不相信哥哥是什么反革命修正主义分子，坚信田汉是一个热爱祖国热爱人民的好人，是一个优秀的共产党员，也是一个真正的无产阶级战士。他就是怀着这种坚强的信念，在心中暗暗地要求自己一定要活下去，一定要活到最后胜利的那一天。

在一个寒冷的夜晚，楼上一片漆黑，鸦雀无声，我父亲一个人坐在这棚屋里点着五瓦的灯泡看着当天的《参考消息》，这报纸也是住在这楼上的一位医生每天下班带给他看的，想让我父亲从报上看到国内外的消息和新闻。

就在他专心致志地看报时，突然门外传来轻轻的“咚咚咚”三声敲门声，他心一下紧绷起来，这么晚了还有谁会来呢？他顺手把手电筒拿在手里以防万一，悄悄地走到门口问“谁”？外面没有回答，依然又是三声敲门声。

我父亲刚打开屋门，只见一个身影一闪就走进屋内。他身穿着一件军雨衣，戴着一个大口罩，只露了一双眼睛在外，我父亲正要问他是谁时，来人回身把门关上，然后脱掉湿漉漉的雨衣摘下口罩喊了一声“三叔”，我父亲睁眼一看：“啊，海男？”然后两人紧紧地抱在一起，眼泪顺着两人的面颊流下。从“文化大革命”开始至今，叔侄两人有近七八年未见面了，大家都是情况不知，生死未明。他们那激动的讲话声惊动了隔壁房间里的妹妹，她起身悄悄地走到父亲的房间外，隔着纸板听到了父亲和海男哥哥的讲话，她敲了一下门说讲话声音小点。这时海男把报纸卷起来罩在灯泡上，房间里只有一束灯光照在桌上，四周一片漆黑，然后把窗户关了，他压低嗓子说：“我现在已由中央军委下放到湖北襄樊五七干校了，是今天早上来到长沙的，上午我就到了坡子街，把派出所、街道办事处、你的住处，还有坡子街的几个出入口都了解得一清二楚了。下午我还看到田灿一个人放学回家的。”我父亲如梦方醒地说：“是呀，你原是当侦查兵出身的，这些都难不倒你。”这时我父亲把话题一转压低嗓子问：“娭毑（长沙话奶奶）还好吗？你父亲现在哪里？”我父亲话音未落，海男已是泪流满面了。他用衣袖擦掉眼泪说：“三叔，我今天来长沙就是想和你商量这个事的。目前北京正在疏散人口，怕有战争发生，北京市政府强调把老弱病残全部疏散到外地，现在我父亲生死不知，也不知道关在什么地方？奶奶现在一个人在北京无依无靠，所以我想把奶奶送到长沙来。”

我父亲一听妈妈要回长沙来，他脸上露出了久违的一点笑容，他想娘崽又可以相依为命了。接着海男又说：“通过我一天在长沙的调查了解，看到你们在长沙的处境非常不好，居住条件又这么差，再三考虑奶奶还是暂不能回长沙。”我父亲一听妈妈又不能回长沙，他一下子感到四肢无力，往床上一坐，泪如泉涌而又不敢哭出声来，他强忍住悲痛问海男：“那你又准备怎么安排呢？”海男说：“目前看来大家情况都不好，我准备天一亮就去火车站，马上赶回北京，只好请绍益嫔驰再照顾一段时间，我们现在也只能走一步是一步，现在没有任何一个人能够帮助我们。”然后他拿出60元钱交给我父亲说：“三叔，今年是奶奶100岁生日，这60元钱给你做路费，你去北京多陪陪奶奶吧，今年奶奶的生日可能就你一个人陪她老人家过了。”

他俩一夜长谈，不知不觉天已发白，为了大家自身的安全，海男又重新穿上雨衣，戴上口罩与我父亲又紧紧得拥抱一下说，“三叔，多保重”。他轻轻地打开房门一眼就看到田灿早就站在楼梯口了，看到她依然还是穿着白天上学的衣服，海男走过去摸着她的头说：“看样子你昨晚一直在为我们站岗放哨啰。我走了，你要好好照顾你的父亲。”然后他静悄悄地走下楼，把雨衣帽往头上一罩，很快又从容消失在马路上的人群中去了。他走后不到一个小时，街道主任就带来了两个民兵找上门来："田洪，今天早晨有人看见一个人从你楼上走下来，那个人是谁？他来干什么？"我父亲非常淡定地说："主任，我现在是耳聋眼花，什么也看不清楚了，他们是不是看错人了吧。"

春节一过，我父亲就向退休单位湖南剧院打报告，因为那个年代要单位批准盖章才能在北京报临时户口居住，没有单位证明，在中国任何一个地方都不能居住的。二个月之后单位终于在探亲报告上盖了章，我父亲高兴得不得了，终于可以去北京看望母亲和哥哥了。从那天起他每天忙忙碌碌去买母亲和哥哥喜欢吃的东西，什么菠菜、空心菜、红菜苔、腊肉、腊鱼、浏阳豆豉、香干、茶叶、菌油、辣椒粉等装满了整整两个旅行袋。虽然这些湖南土特产非常便宜，可这是任何东西也无法代替的母子情和兄弟情。

为了节约路费，我父亲坐了一天一夜的硬座到了北京。以前他每年都要到北京给母亲祝寿，每次哥哥田汉都是一个人来火车站接他，两个人高高兴兴地回家看妈妈。这次我父亲随着人流走出火车站，他虽然已经是70岁的人了，但还是保持着农民的风格，将两个旅行袋的提手用洗脸手巾扎在一起，然后往肩上一放，一前一后他扛起就走，一心只想赶快见到妈妈和哥哥，一路上的辛苦与劳累他都抛到九霄云外去了。

北京细管胡同九号，这是田汉居住的地方，他在这里写下了不少历史篇章，创作了很多的作品，接待过很多国际友人和众多的文艺工作者，他的剧作《文成公主》《关汉卿》《西厢记》《白蛇传》《谢瑶环》都是在这里诞生的。我父亲此次来到这里，看到的却是红漆的大门紧紧关闭着，围墙内显得冷冷清清，围墙外还清晰可见墙壁残留着未曾撕去的标语，“打倒反革命分子田汉”。我父亲用力推开这陈旧的大门，只看到院内一片狼藉，残花败柳。他走过树已枯枝花已凋谢的庭院直接奔向后面的房间，一眼就看到了满头白发的母亲寂寞地坐在房门口看着门外，她每天就是这样盼着儿子田汉下班回家吃饭。见到此情此景，我父亲不顾一切丢掉手中的东西，步履蹒跚地朝母亲跑去，他不由自主地双腿跪下，把头深深地埋在母亲双手之中，泪流满面地喊着：“妈妈，妈妈，儿子回来看你了。”“寿昌，是你回来了吗？你真的回来了吗？”祖母用颤抖的双手惊喜万分地摸着我父亲的头。“妈妈，我是寿康。”“你……？你……？你怎么来北京了？”百岁老人仔细端详后低声问道。我父亲与哥哥田汉长得非常相似，都是光头白发，个子也一样高大。“妈妈，我是来看您的，来陪伴您的。”“你不上班了吗？绮霞和孩子们都还好吗？”“妈妈，我已经退休了，孩子也长大了，他们都准备明年到北京来给您拜寿呢。”为了让母亲高兴我父亲扯了一个善意谎言。“那他们来北京需要很多路费呀。”“妈妈，他们都参加工作了，都有工资了，您放心好了。”然后祖母轻声细语地说：“不知寿昌什么时候能回来呀？”“妈妈，您放心，我来北京就是来找哥哥的。”祖母听到这句话心里就踏实多了，她忙对绍益娭毑说，你去给三爷报三个月的临时户口吧。

以前的细管胡同九号是人来车往，灯火辉煌，常常是高朋满座，宾客临门。再看今天，这院子里冷冷清清不见一个亲朋好友上门。我父亲每天陪伴着祖母与她拉家常，回忆以前在长沙的童年，在上海的创业，在长沙的抗战救国，在桂林的逃难避灾，直到解放后又护送祖母来北京安度晚年。这几十年的风风雨雨，娘崽有永远聊不完的话题。但是每天祖母总是要问寿昌什么时候能回来。每天我父亲都亲自做饭菜给祖母吃，也把长沙带来的青菜炒了。祖母看到这些菜总是叫绍益嫔驰拿出一个碗来说："这些菜寿昌喜欢吃，先夹出来放在碗里，等他回来热给他吃。"然后她心事重重、语气悲伤地说："我们娘崽已经很久没有在一起吃饭了，要是寿昌也来吃饭那就好了，我真想你们两个儿子都在我身边，还是像以前一样我来做饭给你们吃。"

虽然那段时间我父亲天天陪伴着祖母，可是祖母一天也没忘记大儿子田汉。每天我父亲到外面去打听消息，看能否碰到以前的朋友和演员，可是都毫无结果。北京城内已人烟稀少，没有碰到一个熟人，不知道要到哪里才能得到田汉的消息。但是我父亲每天早饭后还是坚持去东四八条中国戏剧家协会大门外看看能否碰到熟人，看是否得能在剧协得到哥哥的一丝消息，可是一切都是枉然。他最后只好到绍益嫔驰那里问点早期消息，绍益嫔驰说田汉抓走后的每个月还是有人来家拿粮票，祖母也曾托专案组的人带去过两个苹果给田汉吃，田汉也托专案组带回过一张便条，上面写着"妈妈，我很好，粮票收到，请放心，妈妈万岁"！几个月后专案组再也没有人来拿粮票了，从那以后再也没有听到过田汉的一点消息了，一个活生生的人就这样在世界上杳无音信了。我父亲知道他虽然每天在祖母旁边陪伴，可是祖母最关心的人最牵挂的人还是田汉。我父亲与祖母商量是否要写信给郭沫若，祖母说："寿昌与郭沫若先生是几十年的老朋友了，他一定知道寿昌下落的，你写封信给郭沫若先生，问问他，看他能否告诉我们哪怕是一点什么消息。”

转眼三个月就到期了，我父亲也要打道回府了。他帮祖母把床上的被子和过冬的衣服都洗好晒干，每天晚上帮祖母洗脚再扶她上床睡觉。他知道祖母牙不好，每天都把菜做得又细又软。白天与祖母促膝谈心回忆往事，让她老人家心情愉快。我父亲也知道他这一走又不知何时才能相聚。在动身回长沙的前晚，祖母把我父亲叫到床前，慢慢从自己旧衣裳的口袋里拿出一包小手巾，从里面拿出30元钱给我父亲说：“寿康，我知道你现在生活还很困难，小孩又多，这点钱你拿回去给孩子们用，再在北京买点吃的带给他们，要是寿昌回来了，那该多好呀，那就可以让孩子们来北京看看了。”祖母话音未落，我父亲早已泪流满面，跪在祖母的床前拉着祖母的手喊着：“妈妈，我亲爱的妈妈，是孩儿不孝，没有好好地照顾您一辈子，我下辈子再报答您吧！”祖母摸着我父亲的头说：“寿康，我只要你做一件事，你一定要去找哥哥，妈妈一直不放心他，我会在家等你们两兄弟，我们娘崽三人要好好地吃一餐饭呀！”

从北京回来后不久的一天，我父亲突然接到北京绍益婈驰打来的电报，上面写着五个醒目的大字“老太太病逝”。我父亲看见电报上几个字如晴天霹雳，打得他头昏目眩，口中还不停地喊着：“妈妈，你要等我呀，我就来了，妈妈，儿子就赶来了，你一定要等我呀。”

他拿着电报直奔火车站售票窗口，“请帮我买一张去北京的车票”，服务员说有介绍信吗？我父亲说没有，只有电报，服务员把手往墙上贴的公告一指，那公告上写着“没有介绍信旅客一律禁止售票”。我父亲含着眼泪手拿电报乞求说：“请你们看看我母亲逝世的电报，求你们帮帮忙买一张票给我好吗？让我去北京奔丧呀！”谁知那服务员把他的钱和电报往窗外一抛说，没介绍信坚决不行。

我父亲急得团团转，赶回家急忙向单位写了一份报告，求他们开一张介绍信。单位行政干部看了电报后说：“我们要研究一下，你明天来看看。”在回家的路上我父亲碰到一个熟人，那人要我父亲再向派出所、街道办事处各写一份报告交上去，三管齐下总会有一张介绍信的。我父亲觉得有理，回家后又写了几个报告向他们送去，办事人员接到报告后用眼睛扫瞄了我父亲一下，都知道他是反革命修正主义分子田汉的弟弟，他们的回答也是，研究一下明天再说。

我父亲从早跑到晚上，一天水米未进，等他晚上拖着疲惫不堪的身体回到家里，已经感到没有一点力气了，一个人坐在床上回忆和祖母几个月前在一起的生活，祖母生前所讲的话都历历在目，他责怪自己没有多陪陪母亲，也没有打听出哥哥下落，他想着想着眼泪一刻都没有停下来。

那一晚他像一座雕塑一样，一动不动地坐在床上等待天明。东方刚刚露出霞光，他急忙洗漱了一下，把眼泪擦干，用热毛巾按住自己那红肿的眼睛，决不能让别人嘲笑自己。他心急如焚赶到单位上，哪知道离上班时间还早得很，只好就地一坐等他们来上班。8点半行政干部才慢悠悠的来了，他把报告往我父亲身上一丢说：“我们研究了，你的报告不批。”我父亲听到此言真如万箭穿心，心如刀割。

剧院不给开介绍信，我父亲又急急忙忙地往派出所和街道办事处赶去，得到的结果都是报告不批准。我父亲急得不知如何是好，真是喊天天不应，叫地地无门。他已失去了自控能力，一双脚不由自主往火车站走去，看到火车站还有什么办法没有，他想在火车站一定会有人退票，哪里知道北京市政府早就向全国发出了公告，“一切外来人员禁止进京”，所以等到晚上也没有见到一个退票的人。

他越想越急，蒙蒙眬眬地拖着疲惫不堪的身体慢慢朝坡子街走去，当他爬上楼梯时，实是走不动了，只能四肢无力地躺坐在楼梯口。这时住在楼下的刘竢驰送来一碗饭说：“田三爹，别急坏了身体，先吃碗饭，慢慢想办法吧。”我父亲手捧饭碗泪如雨下，想想自己跑了一天真的是水米未沾。接着楼下唱京剧老生的孔大爹送上一杯热茶说：“三爹，你可千万不能倒下呀，你们家还得靠你撑着呀！”住楼上的几个小朋友也帮忙扶起我父亲（其中就有中国京剧院李维康的弟弟），帮我父亲烧水、搞卫生。在这患难与共的时候，我父亲才真正地感到“世上还是好人多”。这时又一个小朋友跑上楼来，高喊“田爷爷，你有电报”。我父亲拆开一看，原来是我母亲打来的电报，说她已在郴州（她那时和我正下放在郴州）买了去北京的车票，明天路过长沙。我父亲看到电报后非常兴奋地说：“好了，我明天去北京有希望了。”

第二天下午，我父亲早早地来到火车站，他已在家里作好了去北京的一切准备，把钱和粮票都绑在腰带上，把防冷的衣服都穿在身上，牙刷洗脸手巾都压紧放在口袋里，一身轻装上阵的打扮。他买了一张接客的月台票站在一个醒目的地方，只等火车站进站。远处传来火车的长鸣声，广州至北京的特快列车进站了，火车到站后列车员打开车门，我母亲就第一个走下列车，她朝远处的父亲走去，两人悄悄的交谈了几句话，她迅速地把车票递给我父亲。我父亲拿着车票朝火车上走去，他的脚刚刚踏上车门突然听到一句：“站住，你车票呢？”列车员问，我父亲急忙把车票给他看：“你介绍信呢？”我父亲假装摸一下口袋，只好说没有，列车员说：“同志，你没介绍信是上不得车的，就算到了北京也出不了站。”这时列车员对我母亲说赶快上车，这里只停三分钟。我父亲赶紧给母亲交待了几句话。这时火车头又发出了一声长鸣，车慢慢地启动了，我母亲打开窗户伸出头大声喊道“你要保重自己身体呀”，这时我父亲才如梦方醒，紧跟着火车跑，对着我母亲高喊：“你一定要把妈妈接回来呀，你什么也不要拿，我只要我的妈妈。”在奔跑时他碰到了一块石头，身体往前一倒，双脚跪地，只见膝盖顿时鲜血直流。他眼含热泪面对北方，声嘶力竭地高声大喊：“妈妈，我亲爱的妈妈，孩儿生前没有尽孝，死后又没送终，孩儿对不起您了，妈妈，我的好妈妈……”

二十　田汉追悼会的前后

1976年10月，“四人帮”垮台了，十年的“文化大革命”也宣布结束了。祖国开始一片欣欣向荣，百花盛开。

邓小平第三次复出，他领导中国人民拨乱反正，重整山河。听说组织部长胡耀邦家门口天天是人来车往川流不息，他撤掉了站岗的警卫员，对外宣布“落实政策，平反昭雪的我热情招待，那些开后门搞关系的不要来找我”！从此以后，中央陆续对刘少奇、彭德怀、贺龙、陶铸等国家领导人及很多被污蔑为反党集团的开国元勋都给予了平反昭雪。祖国大地出现了一片光明，人心振奋。

1978年一年内，该平反的平反了，该落实政策的都落实了，唯独没见到周扬、夏衍、阳翰笙、田汉“四条汉子”平反的消息。我们田家人是天天看报纸听新闻，看是否有“四条汉子”平反的消息，包括全国受田汉牵连的人有成百上千，他们和我们一样也在天天盼望“四条汉子”平反。在1979年中央举行的迎春宴会上，出席宴会的名单中出现了“周扬”二字，顿时就引起了全国文艺界的一片关注和兴奋，大家都知道周扬一露面这就意味着离“四条汉子”平反的一天不远了。

果不其然，随后《人民日报》上又发表了文章，中宣部、文化部即将为周扬、夏衍、阳翰笙、田汉平反昭雪。中央人民广播电台在广播里说文化部将为旧文化部平反，为帝王将相、才子佳人部，为牛鬼蛇神、死人洋人部全部平反，为黑线人物周扬、夏衍、阳翰笙、田汉彻底平反。这消息一经播出后，全国文艺界都欢欣鼓舞，奔走相告，全国受田汉牵连而受迫害打击的人都扬眉吐气地说我们终于等到了这一天。我们家里人更是彻夜难眠，悲喜交加。

虽然田汉即将平反昭雪，可是他人却永远地离开我们了。在田汉未平反之前，我父母都已经近80岁的高龄了，多年来因身边无人照顾，向各级单位领导打过无数次报告要求把我调回长沙照顾他们，可是每次打的报告都是石沉大海杳无音信。当中央宣布拨乱反正后，大家这才知道田汉即将要平反了。1978年年底，省文化局终于发出调令决定把我调回长沙照顾父母。当时田汉平反的消息还没有向社会上正式宣布，省文化局安排我去12个条件比较好的单位报到，但遭到了他们的拒绝，最后好不容易才被安排在湘江剧场工作。

1979年春节过后，我父亲接到中国戏剧家协会通知，要他们提早去北京参加田汉平反昭雪的筹备工作。那时候来我家的人已经开始络绎不绝了，都是来关心询问田汉的生死和去北京的情况，还有很多受田汉牵连的演出队的老人都要求自费去北京参加追悼会。我父亲动身去北京前告诉他们目前自己也不了解具体情况，要到北京后才会知道，到时再打电报告诉他们。

大概过去十天左右的一个下午，湘江剧场的马英叔叔

（马英叔叔也是1938年参加抗敌宣传队的，他属于话剧演出六队，演出六队的人差不多都是说普通话的外地人，解放前他们都是演田汉戏的演员，解放后他们中间就有人当上了省文化局局长，省话剧团的团长，因为受田汉牵连在“文化大革命”中全部都被打成了“走资派”，马英叔叔也被打成了田汉的“孝子贤孙”）喊我：“海雄，你有北京的一封信。”我打开信一看，是参加田汉追悼会的通知，内容如下：

讣　告

中国共产党优秀党员，我国杰出的革命戏剧家和无产阶级文化战士，中华人民共和国全国人民代表大会第一、二届代表，中国人民政治协商会议第一届代表，第四届全国委员，中国文学艺术界联合会副主席，中国戏剧家协会主席，党组书记田汉同志，遭受林彪、“四人帮”残酷迫害，于一九六八年十二月十日含冤逝世，现定于一九七九年四月二十五日下午三时半，在北京八宝山革命公墓礼堂，为田汉同志平反昭雪举行追悼会，特此讣告。

田汉同志追悼会办公室

一九七九年四月十六日

在长沙还有近百人也收到了讣告，但是在他们的讣告中还另有一个通知，原文如下：

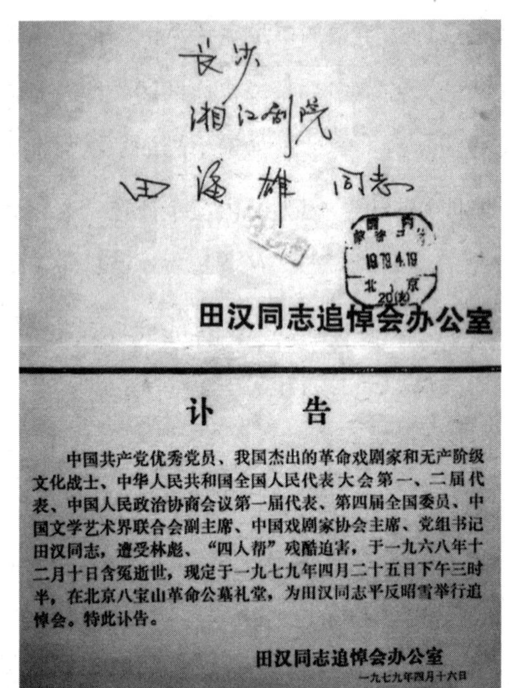

长沙
湘江剧院
田海雄 同志

田汉同志追悼会办公室

讣　告

中国共产党优秀党员、我国杰出的革命戏剧家和无产阶级文化战士、中华人民共和国全国人民代表大会第一、二届代表、中国人民政治协商会议第一届代表、第四届全国委员、中国文学艺术界联合会副主席、中国戏剧家协会主席、党组书记田汉同志，遭受林彪、“四人帮”残酷迫害，于一九六八年十二月十日含冤逝世，现定于一九七九年四月二十五日下午三时半，在北京八宝山革命公墓礼堂，为田汉同志平反昭雪举行追悼会。特此讣告。

田汉同志追悼会办公室
一九七九年四月十六日

田汉同志追悼会办公室颁发的讣告

1，因膳食条件限制，经中央指示，不邀请外地同志来京参加追悼会。

2，本市及外地单位，个人送花圈者，请通知我们代办，北京各单位或个人单独送花圈的，请自制，并希于本月二十五日十二时前，送至八宝山革命公墓礼堂。

3，凡送挽联，挽词，挽诗祭文者，请在五月二十三日下午六时以前寄交或送交北京崇文门向阳招待所723号本办公室。

田汉同志追悼会办公室

一九七九年四月十六日

在我未收到通知前，剧院个别领导及部分出身好的同事总是对我如对坏人一样看待。当我收到田汉平反的通知后，他们的态度一下全变了，脸色也由阴转晴了。我拿着讣告通知去请十天假，要提前领取一个月工资，领导立即签字表示同意，而且还千叮咛万嘱咐要我安心去北京开会，我的工作他们会安排别人去做的。

当天我又接到父亲从北京打来的电报，叫我把祖母的骨灰盒擦干净，用一个干净漂亮的盒子包装好护送到北京。中国有一句老话叫做“入土为安”，祖母的骨灰在1972年逝世后就被带回到长沙，一直由我父亲保存在棚屋里，因为大家都一直不知田汉的生死和下落。我父亲坚持一定要等到田汉生死的消息后祖母才能入土。而且我父亲曾给中国科学院院长郭沫若写过一封信，相信他应该知道田汉的一点消息。不过郭沫若只在我父亲的信中的空白处写了：“大概在68年、69年去世，其他情况不清楚。”今天得知田汉的消息，与儿子分别十年的祖母是一定要去北京看望儿子的。她老人家生前在北京就每天盼望着儿子田汉回家吃饭，整整等待了儿子四年后她老人家含悲忍泪离开人世，直到十年后母子才在天堂相见。

我乘坐当天下午5点10分的长沙至北京特快列车护送祖母骨灰上京，于第二天下午4点半到达北京站。当火车徐徐进站的时候，我就看见窗外很多人都跟随着我这个车厢跑，来的人很多，还有很多白发苍苍的老年人。火车刚刚停稳，我捧着祖母的骨灰盒走下车厢，田海男走上前接过祖母骨灰盒后坐上第一辆汽车离开。父亲告诉我说这些前来迎接祖母的都是田汉生前的好友和同事，他们对祖母对田汉都有着深厚的感情。然后我随父亲的车来到了崇文门招待所，田汉追悼会筹备办公室就设在这里。在这里我首先就见到伯伯生前的朋友，如石炎、吕复、曹孟浪等很多老人。我父亲告诉我说他们为伯伯的事情四处奔波，夜以继日的都在忙着各种筹备工作，所做的事和说的话真使人感动。他们说是田老把他们带上革命道路的，他们之所以有今天的成绩是离不开田老的教诲的，今天为田老做点事是义不容辞的。当晚中国剧协又组织大家去看“欧阳予倩九十诞辰纪念演出”，中国京剧院演出了《人面桃花》和《桃花扇》。

在招待所的筹备办公室里，他们没有安排我工作，所以我没事就在招待所到处闲逛。听说每天从全国各地都寄来了不少挽联、挽诗、挽词，我特地跑到那个大会议室去看。不看不知道，一看吓一跳，由于挽联、挽词太多，筹备办公室特地请来三个书法家从早到晚地在抄写，他们热情地与我打招呼，而且介绍我看一些写得好的诗词，诗词中不仅赞美了田汉先生的作品和人品，更蕴含着对田汉无比的尊敬和怀念。

那几天来了很多朋友来看望我父亲，如当年在上海南国社的赵铭彝、周伯勋。四小花旦之一的张君秋，我父亲曾接他和马连良来长沙演出，所以非常熟悉，张君秋说田汉先生去世是戏剧界的一大无可挽回的损失。特别是杜近芳的来访，让我们从她口中听到了很多田汉的一些不为人知的故事。她说“文化大革命”前，田汉不愿听从“四人帮”的指挥，与康生大吵了一架，所以康生在“文化大革命”中对田汉狠下毒手。“四人帮”设定一个“田汉专案组”，想尽一切办法要把田汉打成叛徒，一定要除掉田汉。江青还找杜近芳谈话，要她检举田汉的罪行，只有这样才有样板戏让她演。她还说她曾经在会上批评过田老，可那都是违心的受人指派的，所以她至今都感到非常不安，感到对不起田老。她说田老非常关心她，《谢瑶环》就是特地为她写的剧本。这次追悼会上她要把自己当成一个服务员，最后为田老尽孝送行。并且争取一个月后亲自在北京演出《谢瑶环》，来报答田老对她的关心和爱护。

晚上我在招待所的过道上遇到了吕复叔叔，他也是参加过抗敌宣传队的人，解放后担任中央实验话剧院的副院长，这次他被指派负责大会的接待工作。他见到我后说："海雄，我们才收到组织部下的通知，田汉追悼会的人数限制在500人之内，并且按副部级待遇召开。你去把这情况告诉你父亲一下。"我把那张白纸黑字的通知认真看了一遍，至今那上面的字我还记忆犹新。当时办公室全体人员听到这消息后都默默无声了，大家都认为这种待遇对田汉很不公平，整个招待所都陷入了沉默。就在晚上8点左右，邓颖超办公室来电话，告诉我们她将来参加追悼会。这一个电话把整个大楼都炸开了花，消息振奋人心，田汉追悼会成为了大家最为关心的事了。第二天上午整个办公室的电话响个不停，有很多中央领导都打来电话要代送花圈，还有不少领导要亲自来参加追悼会。下午宋庆龄的秘书也打来电话，说宋庆龄身体不太好，双脚行走不便，但是她说一定要来参加追悼会，她要为几十年的老朋友送行。

晚上海男哥哥来到招待所，要我第二天给国务院聂荣臻元帅和外交部及剧协去送讣告。我在北京人生地不熟，知道他是要我亲自把讣告送到这几个重要部门，当时我自作主张，决定自己只送讣告到聂帅家，其他的讣告全部交给剧协，让他们去代送。

聂帅家就在景山附近，我没费什么功夫就找到了聂帅的家，门口站了一个警卫。我从没有见过聂帅，很想看看元帅是什么样子，便鼓起勇气对警卫说我有信件要交给聂帅。警卫说聂帅上午就出去开会了，到现在还没回来，要我把文件交给他。真不走运，不然这次就见到“十大元帅”之一了。然后我就去了剧协，把那些要送的讣告全部交给了传达室，传达室的人员看了讣告后说，下午会交邮局送出去的，放心好了。下午我又去招待所打听看有什么重大消息没有。办公室的人对我说，全国32个省市基本上都送来了花圈，唯独没有湖南送花圈来，因为当时社会上还受到“两个凡是”的影响，湖南可能谨小慎微吧。

4月24日办公室下午发出通知，晚上九点在招待所七楼举行田汉骨灰安放仪式。晚上九点整，中宣部、文化部、中国剧协各级领导都来了，来参加的人有廖沫沙、吴作人、周伯勋等近百来人。这次举行的是一次别开生面的仪式，以田汉生前的遗物来代替骨灰安放在骨灰盒里。首先由剧协党组书记赵寻放《国歌歌词》和剧本《关汉卿》，大儿子海男放父亲的帽子和遗像，二儿子大畏放父亲的图章，女儿玛丽放父亲的钢笔，最后由林默涵盖上党旗。然后大家默哀三分钟，安放仪式后大家合影留念，各级领导慰问家属，家属合影，生前好友合影。十点钟宣布骨灰安放仪式结束。回到招待所后办公室的同志告诉我，湖南省革命委员会送花圈来了，同时还有省文联、省剧协、省文化局等十几个文艺单位都送来花圈。

田汉之子田海男安放遗物

4月25日，办公室的同志们早饭后全部前往八宝山革命公墓布置会场，我们家属的一切行动都由上海人民艺术剧院副院长石炎叔叔负责。午饭后，石炎叔叔安排大家坐上一辆面包车前往八宝山。当我们车到门口时，那里已经是人山人海。花圈早已摆满了整个草坪，每人胸前挂一朵白花。礼堂里站满了

田汉同志追悼会场外

人，外面的广场也是密密麻麻的人群。我们下车后直接被带到第十休息室，里面也是摩肩接踵，来这的人都是经过十年“文化大革命”后还生存下来的老艺术家，他们见面都是老泪纵横，相互拥抱，在这短暂的见面时间里大家都在深切的怀念田汉，都在含着泪讲述田汉在戏剧界、文学界、音乐界、美术界、电影界的巨大成就。

当时钟指向两点五十，工作人员宣布家属准备进入会场。大家经过长长的过道，看到两边墙上挂满了怀念田汉的诗词，有人在大声朗读，有人在抄写诗词。工作人员把我们安排在灵堂前，由新华社记者给我们拍集体照。接下来各界负责人和那些白发苍苍的艺术家都慢慢走进会场，中间留下一个过道。三点整，沉痛的哀乐响起，最先走进会场的是邓颖超和宋庆龄，然后王震、方毅、胡耀邦、耿飚、宋任穷、康克清、周建人、许德珩、庄希泉等陆续走进了会场。追悼会由人大常委会副委员长廖承志主持，全国文联副主席茅盾致悼词。悼词写得比较长，全面介绍了田汉所走过的革命的一生。文化部指定由阳翰笙同志负责撰写悼词，由于他也是刚从牢房里放出不久，被折磨得遍体鳞伤，撰写工作基本上是交给南国社田汉的学生陈白尘负责，最后由阳翰老审阅。当时大家认为悼词写得很长，由茅盾先生念两头，中间由剧协党组书记赵寻代念，可是茅盾先生坚持要自己念完。特别令人感动的是宋庆龄，我看到她站在前面双脚颤抖，这时有工作人员上前问她是否要椅子坐下，她笑着摇摇头，让旁边的女秘书紧紧地架着她。

那天来送花圈的有华国锋、叶剑英、邓小平、李先念、陈云、乌兰夫、谷牧、余秋里、姬鹏飞、粟裕等。接着中央领导

邓颖超、耿飚、王震慰问家属

胡耀邦慰问家属

与大家握手，邓颖超对我们说：“田汉去世这是不可弥补的损失，大家要化悲痛为力量。”接着我们护送骨灰盒到第一室，这里面放的全是开国元勋和国家领导人的骨灰。很多老前辈和艺术家都说：“这个追悼会开得好，这不是你们田家的事，是整个文艺路线平反的问题。”邓颖超临走的时候对我们说：

"这个会开得很成功。"八宝山革命公墓的工作人员都说，这里还很少有这样的盛况，来的人多车多，气势非凡。当时文艺界还流传这么一句话："忆苦思田，人心思汉！"

追悼会开得如此成功，就要与大家分手告别之前我父亲带着我们子女向全体工作人员表示感谢，而他们都是异口同声地回答："这是我们应该做的，田老是我们最尊敬和最爱戴的长者。"第二天，"四条汉子"之一的阳翰笙看到追悼会如此成功，他兴奋得在病房里说出了四个字"了此心愿"！

追悼会后，我父亲带着我们去拜访了梅兰芳家，梅夫人早早的在家里等待着我们。她对"文化大革命"是谈虎色变，她

宋庆龄、李先念赠送的花圈

说要不是周恩来总理的保护，梅兰芳先生的墓也会被红卫兵挖掘了。我们又去了“三家村”之一的廖沫沙家，他是长沙人，与我父辈们都以兄弟相称。他说他本来不出名，没想到在文化

邓颖超、陈云、方毅赠送的花圈

叶剑英赠送的花圈

邓小平、华国锋赠送的花圈

大革命批判“三家村”以后反倒出了名。他还为我父母写了字送给他们。我们还去参观了徐悲鸿纪念馆，拜访了他夫人廖静文，她也是长沙人，任纪念馆馆长，她给我们每个人送了一本她签名的书《徐悲鸿的一生》。之后还去了北京医院看望大导演金山，他被关了整整8年半，从牢房里刚放出来不久，他对我父亲说：“你失去了哥哥，我也失去了爱人，这损失真的是我们一生都无法弥补的。”金山又陪我们去看望了夏衍，当我们看到他时，老爷子可以说是骨瘦如柴，而且左脚还被造反派打断，他觉得能活着出来是非常万幸了。他说田汉的平反是代表对全国文艺战线上的平反，田汉是现代的关汉卿，中国的“戏剧魂”，假如说金无足赤，那么，田汉就是一块九成以上的金子！

田汉追悼会结束后，祖国发生了翻天覆地的变化，万物待新，文艺界又重现繁荣昌盛、百花齐放的景象。田汉虽然逝世了，但是人民还是在深切怀念他，他所写的戏一直在舞台上重现，拍摄的电影也让观众留连忘返，他创作的《义勇军进行曲》已定为中华人民共和国国歌，研究他的年轻人也不计其数。1982年在北京召开了田汉研究学术讨论会，会议决定成立田汉研究会，研究会的任务是出版田汉文集、田汉画册，修建田汉故居等几项工作。田汉虽然去世了，可是他的名字像一面战旗一样永远屹立在东方之林。

二十一　我的路

俄国大文豪列夫·托尔斯泰有一句名言，“幸福的家庭都是相似的，不幸的家庭各有各的不幸”。我静静的想一想我所走过的路确实如此。一个人在学业上、工作上可以选择，但在家庭和父母上是没有选择的余地。

1957年的夏季，长沙正骄阳似火、赤日炎炎。一天，我父亲兴高采烈地从北京邀请到侯宝林先生率领的中国说唱团来湖南剧院演出，刚刚回到长沙。当他跨进家门不久，我和两个妹妹还高兴地围在父亲身边不停的喊着爸爸。这时走进来四五个男人，其中有两个湖南剧院的工作人员介绍说：“这是湖南省文化局派来的人，要找你谈一些事情，你赶快收拾一下生活用品和他们走。”当时我才八岁，什么也不懂地望着父亲拿着自己用的洗脸手巾牙膏牙刷和几件衣服就跟着他们走了，在他迈出门槛时回过头来说：“绍益娭毑，麻烦你帮我照顾一下小孩，我去看看什么事。”我父亲随着他们走了不到十分钟，又进来了几个凶神恶煞的人冲进屋就开始翻我家的书柜抽屉，箱子和书信。他们把所有信件照片装满了一个箱子就拿走了，我和两个妹妹被吓得躲在绍益嫔驰身后，含着热泪喊着“爸爸，爸爸”。那些人回过头对我们大声威胁说：“不许喊，放老实点，再喊就把你们也抓起去。”在我家当保姆的绍益嫔驰也没见过这个世面，吓得不知如何是好。这时我家的门外、窗户外已挤满了一些看热闹的人，他们都在外面议论纷纷。这时的绍益嫔驰反倒平静下来，她把门窗都关上，然后对我和妹妹说：“你们一定要听话呀，等你们妈妈过几天演出回来就知道什么事了。”

大概在几天后的一个晚上，绍益嫔驰拿了我父亲的几件换洗衣服再带上我去湖南剧院看望父亲。我父亲被关押在剧院前面的三楼，下面一楼有人看守。绍益嫔驰说给田先生送几件换洗衣服，看守的说不能上去见面，叫她把衣服给他们，他们还一件一件检查衣服看是否有夹带东西。趁他们检查的时候我悄悄往里面楼梯上去，还没有走到第一层拐弯的地方就被他们发现了。他们把我拖了下来，大声对我训斥。以前，他们长期跟随着我父亲跑这跑那非常卖力，而现在他们突然翻脸不认人了，还把我们当敌人一样看待。那天晚上我虽然没有见到父亲，可是我一下子就在他们的谩骂声中长大了，懂事了。

大概一个星期左右，我妈妈从外地演出回到家。她知道后就出门四处打听我父亲关在什么地方，犯了什么错误。湖南省文化局的一个老朋友告诉她，说我父亲已被上面划定为“右派分子”了，正在写检查，要他检举哥哥田汉在长沙的罪行。因为在1956年田汉作为人民代表来长沙考查，走访了很多剧团，看望了很多病困的老艺人，在长沙天心阁召集了抗战时期的老艺人座谈，还把自己的稿费资助给那些病困的艺人和剧团。田汉正因为关心艺人，和艺人有深厚的感情，才以个人名义来帮助他们，可是万万没有想到他的这种做法却让当地文化管理部门官员觉得受到了讽刺和打击，他的一言一行得罪了很多不去体贴艺人的文化管理干部。而且田汉回到北京后又发表了两篇文章《必须切实关心并改善艺人的生活》《为演员的青春请命》。1957年时，就有人提议要把田汉打成“右派”。后来周恩来总理知道后说：“田汉是中国戏剧家协会主席，他在国际上有很高的威望，又是中华人民共和国国歌词作者，是一位优秀的共产党员，怎么能把他打成‘右派’呢？”周总理的话没有让那些人的阴谋得逞，不然的话中国的戏剧舞台上就没有《关汉卿》《文成公主》《白蛇传》《谢瑶环》的出现了。

当田汉得知长沙的弟弟田洪被划成“右派”后，他趁学校放暑假叫我大姐二姐回长沙来看望父亲。而且还告诉我姐姐，父亲没有文化，认识的字都是田汉教他的，他不可能去参加所谓长沙文化局组织的文艺沙龙。并叫我姐姐转告他好好写检查，争取早日恢复正常生活。我姐姐从北京回到长沙刚刚进家门不久，消息就传到了湖南剧院，他们马上就派来几个人找我两个姐姐谈话。“你们是共青团员吗？”“是的！”“那好，你们要站稳革命立场，要你母亲把田汉写的信全部交给我们好吗？”我姐姐把他们的话告诉屋内的母亲，我母亲听后气愤得怒发冲冠，她对站在门外的人大声喊着：“你们这些忘恩负义的人，田洪对你们还不好吗？把你爱人小孩都从农村搞到长沙来，还给他们安排工作，现在你们想方设法来整他，你们做这些缺德的事会遭雷打，会遭报应的，告诉你们要信没有，要命有一条。”我母亲九岁学戏，1937年参加了抗敌宣传队，唱了一辈子戏，从没有与任何人发生过争吵。当时我们几个小孩看到母亲这大义凛然、不惧威胁的样子，非常惊讶，也从心底里佩服母亲的勇敢。门外那几个人听到骂声后也都灰溜溜地跑了，他们走后我母亲却大哭起来，她想到自己一个弱女子，身边还有几个幼小的孩子，今后不知如何是好。我们几个小孩也都抱着母亲哭在一起。

一个月后《湖南日报》的头版头条刊登了我父亲田洪写的《向湖南人民请罪》一文，文章一经发表，就在这个小小的长沙城产生了巨大的影响。当年我父亲只不过是湖南剧院的一个经理，可是大家都知道他是田汉的弟弟，也知道以田洪名义写的这篇千字文章他自己是根本写不出来的，因为他没读过什么书，也没有这么高的文化。有很多知道内情的人都知道他们是想把田汉打成"右派"，因为有周总理的保护，他们只好拿他弟弟田洪开刀，让他成为田汉的替罪羊。

半年后我父亲离开了湖南剧院，到长沙郊外苗圃去种树养花，到艺术学校厨房打杂做饭，撤去湖南剧院经理职务，工资降到最低。有一天晚上我父亲一瘸一拐地回到家，我们几个不懂事的孩子扑倒在父亲怀里放声哭泣，看着瘦弱的父亲，摸着他那双粗糙的双手，我们大家都哭成了泪人，站在旁边的绍益娭毑不停地用衣袖擦掉自己的泪水。我父亲这时对绍益娭毑说，自己是在劳动中不小心被钉子扎了脚，他自己当时只是把钉子拔了出来后又继续劳动。谁知半个月后他得了破伤风，伤口处污血直流，寸步难行，上面这才批准他请一天假到医院看病，我们这才见到了分别一年多的父亲。他看着我们这些小孩，心想还要供我们吃饭、穿衣和读书，现在他那点微薄的工资根本连吃饭还不够，怎么办？心力交瘁的他对绍益嫔驰说：“我现在已经没有工资付给你了，你还是回老家去吧。”绍益嫔驰抱着我那5岁的妹妹说：“田先生，人都是要讲良心的，你们家一直把我当亲人看，也非常仁义和善良。现在我哪里也不去，也不要你的工钱，你的孩子我会照样抚养的，你还是安心去工作。”

那些领导看到我们家的实际困难，又看到田汉依然是中国戏剧家协会主席，依然负责全国的戏剧工作，最后决定让我父亲回到湖南剧院劳动，他白天帮食堂买菜做饭，下午烧开水送到休息室供观众喝。有一天他灌开水时不小心烫了脚，顿时双脚烫起了水泡，一些剧院职工站在旁边看着，而不上前帮忙。这时只见剧院画画的美工背起了我父亲送往医院，我父亲感动得无以言表，告诉我们一定要记得这位好人。还有一次他去南门口挂演出广告，外面电闪雷鸣，他一个人背着广告牌被风吹得团团转，没想到有几个路过的行人伸手帮忙，终于把广告牌挂上去了。他们中间有认识我父亲的，挂好广告牌后悄悄地对我父亲说：“田经理，你要多保重呀，你会有翻身的一天！”那时每天晚上散戏后这一千多人的剧场，楼上楼下全都要我父亲一个人来清扫。当夜深人静的时候他才拖着疲惫不堪的身体走回家，根本没有力气去洗脸洗脚，往床上一倒就和衣而睡，第二天又照常去工作。当时的困难和苦楚，他根本不敢写信去告诉哥哥田汉，他生怕母亲和哥哥听到这些会担心。在北京读书的姐姐过完暑假回北京后把这些情况都告诉了田汉，田汉听到这些情况后表情非常严肃，他没讲一句话，沉默一天后决定把绍益嫔驰从长沙接到北京照顾祖母。再就是每月寄20元钱给我父亲，让我们几个小孩读书吃饭。

那时候我们家的生活是一落千丈。为了节约家里费用，我每天放学后去为家里挑水，以前我们家里是有人专门送水的。那时长沙还没有自来水，要到很远的自来水站去担水，我那时才九岁，每天咬着牙摇摇晃晃从自来水站坚持把水担回来。为了解决买菜的问题，我姐姐又在外面联系做火柴盒，做一千个才一毛钱，我们家楼上楼下摆满了火柴盒。那时我很喜欢打乒乓球，没有钱买球拍，我每天把早饭买烧饼吃的一两粮票二分钱存起来，空肚子去上学，在上学的路边上的小巷里见有收买粮票的人，我把节省下来的粮票卖给他们，再加上节省下来的钱凑起大概有二元钱了，然后我就去文化用品商店买我心爱的乒乓球球拍。玩了几天后，老师知道这事了，她去家访时告诉我父亲我不吃早饭把粮票卖钱了，这是违法的事情，老师走后我父亲拿了一个拖把狠狠地打了我一顿，直到拖把棍被打断后他才松手。我当时还与父亲争吵，可我哪里知道父亲那几年的苦和累无处诉说，他的一切痛苦和冤情无处释怀。他打完我以后一个人扑在床上抱头痛哭，他知道我饿着肚子上学为了就是买一个球拍，若是以前的话他会带着我去商店买最好的球拍给我。他泪流满面地抱着我，抚摸着我那被打伤的地方。那时我的母亲因为受到父亲“右派”分子的影响和打击，患了三级神经病，经常要去医院做电疗，有人劝她离婚算了，我母亲很坚定地说：“我生是田家人，死是田家鬼，我死也不会离婚的。”我父亲白天在湖南剧院劳动，晚上回家为母亲洗衣做饭，无怨无悔地照顾病中的她。直到1959年湖南省文化局宣布摘掉我父亲“右派”的帽子，调到湘江剧院任副经理，才终于获得了自由。

一波未平，风浪又起。我们谁也没想到田汉写的京剧《谢瑶环》成了反党反社会主义的“大毒草”，从1964年起就受到文化部的内部批判，从此以后他经常要去参加文艺界的大小会议，听取大家对他的批判。在那艰苦的岁月中，他坚定自己的立场，决不向康生、张春桥、江青低头，自始至终表明自己是一个中国共产党党员，热爱自己的祖国和人民，决不是反革命修正主义分子。

由于受到父亲“右派”的牵连和伯父田汉的影响，我继续升学的机会被剥夺了，成为了一个下放农村的对象。那时我想当演员，曾去考过艺校却未被录取；我想当乒乓球运动员可又不能进体校。我当时感到自己无路可走万事皆休了，儿时的一切梦想都成为了泡影，下乡劳动才是我唯一的出路。在那锣鼓喧天、红旗招展的下乡队伍里，我昏昏沉沉地随着他们走进火车站，再坐在那开往陌生地方的火车上，没有眼泪没有悲伤，只是不明白世界为什么要这样对待我。一个什么都不懂什么都不会的小孩离开父母，离开家庭，离开亲人，独自一人去陌生的世界生活，我以后要怎么去面对这未知的世界呢？我痴呆地坐在火车上，任凭眼泪往下流。

我把我妹妹写的二篇文章放在这里，作为一段历史的见证吧！

寒冬

一九六五年的冬天，那年我上小学四年级，记得在一个雨夹雪的下午，下课铃声刚响，我顾不得许多，背着书包拔腿就跑，因为哥哥今天要走了。

当我气喘吁吁地跑回家时，只见人走床空，哥哥书桌上的“小人”都被推倒了，我知道哥哥一直想成为一名运动员，他学着庄则栋手捧奖杯的样子照了相来鼓励自己，为了得到一个称心如意的乒乓球拍，他将早餐钱省下来，一年以后才如愿以偿。那些摆在桌子上的“小人”都是他自己画，自己剪，自己做的运动员，他们中有踢足球的，有打乒乓球的，这些都是他向往的未来。

一九五七年父亲被错划为右派后，母亲一时想不通患了精神病住进了医院。那几年父亲在单位劳动改造，家里只有我们兄妹，哥哥初中毕业，本应该继续升学，在那坚决贯彻阶级路线的年代，他没有了升学的权力，而列入了首批上山下乡的知青行列。为了躲避这场运动，他曾“逃跑”过，后又被“押送”回来，在他被押送回来的那天夜里，我听到父亲单位的人事干部用严厉的口气在教训父亲，要他教育好、管好自己的孩子，把哥哥说成了是一个可以教育好的五类分子的子女，而且准备送他到湖南郴县乔口公社去插队落户。

从学校赶回家送行的我，看到哥哥走了，已经去了火车站，我连书包也没顾得放下，顶着寒风匆匆地朝火车站赶去，不知为什么，到了车站我又不由自主地放慢了脚步，好像没有勇气与哥哥告别，我怕自己哭，也怕哥哥他难过，于是我躲得远远地用目光去寻找他，只见一群敲锣打鼓的人，簇拥着十多个十五六岁的小青年上了火车。在人群中，我一眼就看到了哥哥，他已坐在靠窗的座位上，两眼通红，那白皙，清瘦，充满稚气的脸庞上挂满了泪珠，身上连件棉衣也未穿。

汽笛声响了，送行的父亲忽然想起来了什么，他赶紧脱下身上穿的那件旧的对襟薄棉衣，而且还没有罩衣，他将带着自己体温的棉衣，迅速地从窗口递给了哥哥……此时的泪水已模糊了我的双眼，我紧咬着嘴唇目送着火车出站，就这样，哥哥带着他那破灭的理想，踏上了铺满荆棘的人生旅程。

一股刺骨的寒风吹来，我不由得缩了缩脖子，只见父亲穿着一件薄薄的旧毛衣，脚上那双开了口的旧皮鞋在泥泞的雨雪中稳步地踏着，飞快地朝单位赶去。望着他那远去的背影，不由使我想起了朱自清的散文《背影》中的那位为生活辛苦奔波的父亲，他还有件黑色长棉袍，而我的父亲……

酷暑

一九六六年"文化大革命"开始时，父亲常常被前来外调的人叫走，在家时父亲就老拿着"十六条"反复看，好像要在里面寻找到什么东西似的，我已是一个失了学的孩子，在外四处受冷落，只好在家跟父亲一样——看书。

长沙的夏天本来就很热，我家住的是靠西边的房间，两扇大窗户每天都是迎着烈日的暴晒，不到下午六七点，阳光绝对不会离开，因此，我家像锅炉一样火热。再热我和父母也得呆在这里，这是属于我们的天地，是我们生活中唯一的一块绿洲。一天，我的第六感觉告诉我，这自由的天地也将有不幸的事情发生。我突然听到院里的孩子在背后嘀咕着什么，大人们也用异样的眼光看着我，我向他们投去了询问的目光，希望能得到他们友好、同情的关切，当我们的目光相接时，一切都失望了。

这天中午我跑出去了，说也巧，外出时正碰上父亲单位的一群人手拿着白纸，提着浆糊朝我家走去，我避开了他们的视线，可是，我到哪里去呢？市内我家没一个亲戚，我一个人在马路上东游西荡了整整一个下午，直到天黑才麻着胆子往家走，上楼后我一眼就看到家门口贴着一张耀眼的白纸，上面写着"勒令"二字的大字报，"田洪是老右派，是田汉反党黑线上的人物，生活腐化到用高级煤油炉，喝高丽参酒……，勒令于本月15日前滚出宿舍……"。看到这些我不敢进屋了，就在房门口朝里望去，只见被人视为奢侈品的煤油炉，浸泡着的药酒都放在房屋中间，床上还扔着几床织着龙凤图案的棉织被面，这就是他们所指的"四旧"文物吧，堆放在屋里旮旯的一堆常看的书籍却一本也不见了，家里的书信照片字画他们全都抄走了。看到父亲那痛苦、悲哀、毫无表情的脸，他像罪人一样的不敢抬头看我，他含着泪，低着头轻声地说，"今晚你到母亲单位去住吧"。听了这句话，我头也未回，一口气跑出了巷子口，急匆匆地朝母亲单位走去，到母亲单位要走一个多小时。我又饥又渴，天已经全黑了，万一在路上碰上了坏人怎么办？我边走边哭，望着天上的星星在空中闪烁，我想我现在要是一颗星星多好呀！

谁知母亲与父亲的遭遇一样，房门口同样贴了一张长长的大字报，我进屋时，正好碰到她同屋的那位革命同志吵着要搬走，母亲一副无可奈何的样子在替她帮忙，见我去后忙问，家里出了什么事？我哭着将家里发生的事叙述了一番，可怜的母亲她又有什么办法呢？现在她也是自身难保。母女俩一夜都未曾合眼，清晨，母亲请好了假与我一同回家。进屋，见父亲像座雕塑一样，还是昨晚我离开时坐的那样，他纹丝不动地坐在那里，两眼通红，饱含着热泪，看到此时此景，我“哇”的一声大哭了起来，今后我们将怎么办呀？

说来也怪，15号平安地过去了，谁也没来逼我们搬家。他们可能知道我们没地方搬吧，这样我们又能在自己的绿洲自由地生活了。特别是门口那张“勒令”像是我们的保护神，一直伴随着我们平安地度过了最炎热的夏天。

田灿

一九八零年初春写于长沙

二十二　我的路（二）

还记得大概是1966年春季吧，有一天我们几个知识青年在一个参加过抗美援朝的复员军人带领下，集体上山去挖坑种树，坑要挖得有一米宽一米二深，大家都使劲挖，手上都打起了血泡仍咬牙坚持劳动。队长说我们要把这山上种满桃树、李树、苹果树，到了秋天这满山都是万紫千红、果实累累的水果，到了年底生产队将给这座山取名“知青果园”。

我们八个长沙知识青年感到无比的激动和兴奋，按当时长沙知青办的安排，下乡插队的知识青年都是合理分配四男四女，准备让大家在这里安家落户，子子孙孙干下去。当初下乡前对还不知世事深浅的我们来说，农村是“楼上楼下，电灯电话，树上的柚子碰脑壳，地下的西瓜绊了脚”，农民对我们是“热饭热菜，热情招待”。但当我们来到这里时，听到的却是“马到郴州死，船到郴州止，人到郴州打摆子”，看到的是把一间破烂的小庙改成的落脚地。喝水要到住房后面的小溪去挑，领来的稻谷自己去打成米，吃的菜就要靠自己去种了。在长沙听到的那些宣传全都是美丽的传说。

那天种完树回村路过生产队财会室，看到桌上有《湖南日报》，我顺手打开一看，头版头条就是康生写的《田汉的〈谢瑶环〉是一棵大毒草》，看到标题后我突然觉得自己血压升高心跳加速。见四周无人赶紧将报纸折小往衣服里一藏转身出门，回到住处又怕其他知识青年看见，一个人跑到河边上躲在一棵大树后面把这篇文章看了一遍，看完后感到我们家又要大祸临头了。下乡之前在长沙早就听说伯伯被批判了，撤消了他一切职务，那时我还有点不相信，今天报刊上正式宣布了田汉的消息。文章说田汉家是当地的富农，家里有小作坊，还请了工人纺纱织布。

没过多久我们这乡下就来了红卫兵，他们高喊“造反有理”“斗私批修”，到处砸烂旧建筑和旧东西。又有附近一些厂矿的宣传队来这里表演节目，宣传“文化大革命就是好”。

我们知识青年中有三人要回长沙去，我悄悄和住在我家附近的一位知青说：“你回长沙到我家看看，看我家有什么事没有。”一个月后他回来了，然而，他回生产队后不与我见面，却在社员中散布我家被抄家，父母都在长沙被游街示众，我是反革命修正主义分子田汉的侄儿等消息。经他这么宣传，我一下子成了一个坏人。几天后就派我去很远的山沟里修水库，到那里一看，这里是这个公社的“地富反坏右”五类分子的集合地。每天起床就开始劳动，挑沙挖泥，砍树搬石，站在秋冬季节寒冷刺骨的水里一直干到天黑才回工棚，16岁的我只能用那瘦弱的身躯拼命地和他们一样干活。

快到1966年年底了，工地上才让大家回家去过年，到生产队我拿了我一年的工资，35元6角8分钱。由于我长期在水里干活，双脚生了冻疮，行走不便，好在那天同车回长沙的还有另外三个知青他们一路上都帮助我。我们用了1元钱火车票坐到郴县，再花5元7角钱买了第二天去长沙的火车票。当晚我们还在郴县用了3角钱住了一个晚上的旅店。第二天清晨我们在街上吃了一碗8分钱的炸粉，每个人都吃得干干净净，一滴汤也未剩。我们正准备走时，店里的工作人员把手往墙上一指，墙上写着“自己动手，丰衣足食”，原来他们是要我们自己洗碗。九点钟他们扶着我慢慢的朝火车站走去，当我们4个人坐上了火车，大家高兴得抱在一起高声大喊“要回家了”。这趟火车是从广州开往长沙的，从我们上车起这火车上就热闹非凡，到处都是红卫兵，只见他们都穿着旧军衣，戴着旧军帽，每人袖子上都挂着“红卫兵”袖章，手上摇摆着造反派组织的红旗，口里不停喊着“造反有理，革命无罪”，革命歌曲一个接着一个唱。我们4个人像天外来客，目瞪口呆地看着他们，他们怎么这么高兴？他们这是在干什么？

晚上火车到长沙了，车上的红卫兵都前赴后继的下车走出火车站，我们4个人随着队伍朝出站口走去，每个人把车票举起来给列车员看，谁知几个列车员看着我们哈哈大笑说：“你们几个坐车还买票？现在是串联时期坐任何车都不要买票呀。”接着他们发出一阵嘲笑的哈哈声。我们低着头快步走出车站，举目一看，马路周围的房子都挂着各种各样的造反派红旗，马路上的法国梧桐树上贴满了大字报，马路两边贴的大字报一直延长到长沙的轮渡码头。我们4人分手后约定第二天在五一广场见面，然后大家各自回家去了。

我满怀喜悦的心情，激动万分地朝湖南剧院宿舍走去。当我站在宿舍门外抬起头看二楼自己的家时，发现是一片漆黑。我正在犹豫不决上不上去时，宿舍一个小朋友看见了我，他急忙跑上楼去了，一分钟不到，我的小妹妹田灿飞快地从楼上跑了下来。我见她也是穿着一件大得不合身的旧军衣，戴着一顶旧军帽，扎着两个长短不齐的辫子，她高兴得连喊："哥哥，哥哥回家去。"我小声地问她："爸爸在吗？"她说在。我转身说那我不上去了。她却连拖带拉的把我往楼上推。我随着妹妹的拖拉走进了家门，进门一眼就看到父亲一个人坐在书桌前的椅子上，面对着漆黑的房间纹丝不动。由于他背对着马路上的灯光我没看清他的脸，我们父子相对无言，我没喊他，他也没叫我，这就是我们父子分开一年后的见面。我家房子中间用木板隔开，一间房成二间房，妹妹把我领到她那间房，听说我还没吃饭，连忙打开煤灶给我热饭吃，她滔滔不绝地讲，我细心地听，总算知道了这一年来家里发生的很多事情。

回到长沙我碰到了很多知青，从他们那里我才知道什么是"文化大革命"。我在郴县那深山老林里劳动改造，哪里会知道城市里的这些事情，真的是令我大开眼界。

在宿舍里偶遇湘剧艺人王华运的儿子范重九，他原在湖南师范大学读书，谁知他在大三谈恋爱，被大学开除后下放到长沙县黑麋峰劳动锻炼。他告诉我他正在省农业厅组织的全国上山下乡造反团当小头头。他叫我去那里参加毛泽东思想文艺宣传队，那里有衣服发，吃饭不要钱，睡在招待所。有这么好的事我何乐而不为？第二天我就报名参加了文艺宣传队，主要任务是跳舞，还演对口词，活报剧，三句半等，跟随着毛泽东思想文艺宣传队从长沙出发，一路演到岳阳，大概有半年之久。

有一天中央人民广播电台宣布，打着全国性牌子的红卫兵造反团的组织全部解散。12月份岳阳天气是小雨加雪，我们这支文艺宣传队的战友们大家都痛哭流涕依依惜别，然后大家各自奔向各个地方去闹革命。这支文艺宣传队解散后，又有宣传队的人找我，要我参加“红铁军”宣传队，这宣传队属铁道部管理，条件更好，我们也是从长沙出发，沿路走了几十个城市，最后到了广西演出后也解散了。

我在外面参加宣传队不知不觉混了一年多，等我回到家时已是1968年夏季了，那时“文化大革命”已经演变成了武斗了，造反派冲击军区抢枪炮子弹，冲击省委把以前的老革命老领导统统挂牌游街示众。那时全国都是看北京的红卫兵如何斗，全国造反派就如何学，有北京来的红卫兵把北京批斗刘少奇、彭德怀、罗瑞卿、陆定一、杨尚昆、周扬、田汉等人的消息和照片贴在五一广场，更加煽动了长沙造反派的激情，恨不得要把长沙闹得天翻地覆才好。

有一天我突然想去北京看看娭毑和伯伯他们到底怎么样了。我问同住宿舍里的一位宣传队员想不想去北京，他说他还没去过北京，很想去看看。我和他约好第二天晚上7点在中苏友好宾馆门口碰面，最好带点钱做生活费，千万要保密，不要走露半点风声。第二天我没有告诉妹妹，只是晚饭多吃了一碗，告诉她我要过几天回。7点钟我与他在中苏友好宾馆碰面后，两人什么都没带，各自带了五元钱向长沙北站走去。那时已停止了串联，不能坐不要钱的火车了，于是我决定带他去长沙北站爬货车。那天运气好，我们爬上了运大米的货车，上面货物很干净，我们可以躺在大米上睡觉，同时也发现好几个货车箱里都坐了人。我们躺在大米上，望着天上的星星，九点左右火车头发出了长鸣声，车轮也慢慢的加速起动了，我们吹着凉风，聊着天，慢慢的进入了梦乡。我的北京之行正式开始了，仿佛秘密地去完成一件不为人知的历史使命。

第二天等我们醒来睁开眼睛时，火车早就停下不走了。我们快速跳下火车沿着小路走出车站，在路边的小溪里用手捧点水洗一下脸，再用衣服把水擦干就算洗漱完毕。坐了一夜的车肚子也饿了，我俩就在车站附近的一个小店坐下，为了节约开支，我们一人一碗玉米粥，一根油条，油条我们是两口就吃完了，可是那粗糙的玉米粥确实很难吞下肚。打听了一下，此地是河南的洛阳，白天我们在街上到处乱走，这里和长沙一样到处是红旗、标语、游街示众的队伍。我们买了几个烧饼后，决定还是先去车站找到去北京的火车。我们进入货车站内，看见有辆火车在摇旗，火车头也发出了长鸣汽笛声，我们加快脚步准备爬上货车时，只听一声，“你们干什么？”我回头一看原来是押车的列车员在问我们，我说我们想去北京。那个时候说去北京是一件很光荣的事，列车员说我这辆车是先到郑州后再到北京的。我们坐在最后这辆押车的车厢里，陪伴着他上班聊天，讲长沙文攻武卫的故事和见闻给他听，很快下午就到了郑州。我站在车上向四周一看，郑州车站真大，有数十条铁轨四通八达纵横交错，列车员很热情又善良，他告诉我们坐哪辆货车可以去北京。当夜幕降临的时候，我俩悄悄地又爬上去北京的货车，谁知这货车装的全是煤炭和砖头，我们爬上装砖头的车箱等待着开车。第二天上午火车停下来，只听到站内的调度员一边吹哨子一边大声喊，现在换车头，一个小时后出发。我们赶紧下车，溜到站外去买点什么吃的，在站外一看站名“石家庄”。

晚上大概六七点钟火车终于到达首都北京了，我下车后发现我俩只有眼睛是白色的，全身上下其他地方全是黑的，我们在马路边的池塘用水从头到脚全洗了，衣服就不敢洗，因为我们都没带换洗的衣服。洗漱完后我向路人打听如何坐车去天安门，北京人好客，他们热情地指点我坐几路公交车可以到天安门，并且还告诉我在天安门旁边的中山公园有一个红卫兵接待站，那里可以发放红卫兵回家的火车票。我们坐上公交车直奔天安门，去找红卫兵接待站。当我们来到中山公园红卫兵接待站的时候，这里的工作人员早就下班了，一切都得等明天了，我看到很多红卫兵都把墙上的大字报撕下来铺在地上睡觉，我们也学他们把墙上的大字报撕了下来铺在冰凉的水泥地上和衣而睡，我们太累了，两个人没有讲一句话，一下子就都睡着了。

“东方红，太阳升，中国出了个毛泽东。”天安门广场的高音喇叭把我从睡梦中惊醒，当我睁开眼睛准备起来时，感到自己腰酸背痛一身冰凉，好半天都坐不起来，原来昨晚铺在身下的纸已被人拿走了，自己是直接睡在水泥地上，可能受了点湿气，我爬起来靠着墙边坐了一下，等腰不那么痛后再起来洗脸，站在水笼头边用双手捧着水往脸上洗一下，再喝两口水漱一下，用衣服擦一下脸就算洗漱完毕。有几个外地红卫兵告诉我，在哪里可以领一碗稀饭，两个馒头和一点咸菜。我们可能太饿了，领到后三五两下就吃得个碗底朝天一干二净。然后在订火车票的窗口排队，因为我们是睡在红卫兵接待站，早晨还没有什么人排队订票，当时我计划是上午去细管胡同，下午逛一下王府井，第二天上午在天安门参观一下，晚上就回长沙，所以我就定了第二天晚上回长沙的火车票。

然后我带着同伴往王府井那个方向走去，在我印象中路过王府井再往右走就可以到东四头条了。我读小学时放暑假曾来过北京，就在东四头条祖母家住过半个月，对东四附近环境也还熟悉，也知道这条街共有十个胡同，第八个胡同内是中国戏剧家协会办公大楼，沿着这条路再往前走就是细管胡同了。我一直凭着自己的印象往前走，没想到自己一点也没走错。到了东四头条，我在邮政局给我大姐邵阳写了一封信，约好第二天下午三点前在人民英雄纪念碑下见面，我想上午给她寄信她下午就应该收到，因为她就住在北京市区内。

我带着同伴沿着东四头条一直朝前走，只见马路两旁全是贴的大字报，铺天盖地，我没时间也没心情来看这些大字报。奇怪的是他一直没有和我讲什么话，也不问到哪里去，他就这样默默地跟着我走。当我走到八条的时候，我脚步放慢了，开始搜索醒目的大字报，突然看到一条用毛笔画了框框的最新消息，这是一条在首都体育馆批判田汉等人的开会通知，我心情一下紧张起来，走近一看原来是几天前的批判会通知。当我走到了八条胡同口时，我犹豫了很久，脑子里在思考我是不是要进去看一下中国剧协办公大楼。我看到周围有不少红卫兵在进出，我又不了解那里面的情况，怕不安全，因此我放弃了进去看的打算。我们还是继续往前走，通过了东四十条的马路后，在我印象中好像左边第一个胡同就是细管胡同，我走到第一个胡同细看路牌上写的不是，又走了一二个胡同还不是，再往前走终于看到了细管胡同的牌子了，我又兴奋又紧张，小心翼翼站在胡同口向里面张望，生怕有人会发现我似的。我压低嗓子对同伴说："我进去看一下，你在这里别动。"我于是壮着胆子朝胡同里走去，这个胡同很安静，只有一二个人朝胡同外走，我就在这胡同里来回走了两趟。田汉的家就在我眼前，只见红漆的大门紧闭着，枣红色的墙上还贴着醒目的标语，"打倒反革命修正主义分子田汉"。虽然不知里面有什么情况，但我是特地来北京看望伯父田汉和祖母的，不可能过门而不入，那将会使我感到终身遗憾。我返回到胡同口轻声地对同伴说："你在这里等我，我去看我婖驰，如果我被抓起来了，你就去接待站拿车票明天你自己回长沙吧。"他没有任何反应地点点头说："我会一直在这里等你。"

然后我再次走进胡同，看到四周没有一个人，我急步走到门口敲门，这时门微微打开了，从里面伸出了一个人头问我，你找谁？我找绍益婖驰。你那里来的？湖南。你姓什么？姓田。我话音一落，他朝大门外两边看了一下，见没人路过，急忙将我往里面一拉，紧急把大门关上，然后用指责的口气说，你千万别说姓田呀。只见他轻声叫了一声："李大大，你快喊绍益婖驰出来。"几秒钟的时间里绍益婖驰出现了，她惊讶地望着我，挥手叫我走进去，她问我："你怎么来了？你伯伯早二天被抓走了。"然后她说我带你去见祖母，并要我站在那里别动，大概不到一分钟我跟随绍益婖驰走进一间房，只见祖母一个人坐在屋内中间，她穿着一件干净的老式妇女装，她很仔细的从上到下看着我，绍益婖驰站在她身后边用手对我不停摇摆，意思是教我千万别说话，我就站在我祖母面前，不敢喊，也不敢下跪，更不敢上前去拥抱她老人家一下，我们四目相对，看到她老人家孤单寂寞地坐在这门口，我的泪水已经蒙住了我的双眼，我真想扑倒在她老人家跟前，给她老人家磕三个响头，更想大声喊一声“我亲爱的奶奶，孙子来看您老人家了”。可能绍益娭毑怕我出事，她知道此地不能久留，红卫兵随时都会来这里抄家。她指着我对祖母说：“他明天回长沙去，你有什么东西带去吗？”祖母心知肚明，从妇女装上衣里拿出一包小手巾，她慢慢地打开，一层，又一层，从第三层手巾里把钱拿出来，她老人家说了一声：“40元够吗？”绍益娭毑拿了40元交给我说：“你一定要交给你爸爸呀！”正在这时，那个李大大急急忙忙小跑进来对我说：“这里太危险了，你快点走。”他拉着我就往外走，我走出门时转过身朝祖母行了一过礼，眼泪汪汪的我只好跟着他往外走，我眼睛的余光看到绍益娭毑正在祖母耳朵边讲话，她向我挥挥手，她也难过得一句话也讲不出来了。李大大把我带到门口一间小房里说，你去人民大学找你二姐双桂吧。他还详细地告诉我如何坐车去人民大学，另一个叔叔这时把大门打开向外张望后，他感到平安无事，向我招招手说“快走”！我急忙冲出大门就听到身后传来了关门声，这里马上又恢复了宁静。

我一步一回头地看着这房子，就像照相机一样把这整个环境都深深地印在自己的脑海里了。我走到胡同口，同伴还坐在胡同口那小商店的地上一直在等我。他悄悄地问我看见祖母了吗？他说他没有看到我出来的话，他会一直等我，那怕等到明天。下午我带他在王府井瞎逛，他第一次来北京还是感到什么都新鲜，我让他尽情地参观和游览，可是我的脑海里一直在

田汉、易克勤、陈绮霞、田海雄

思考问题，这次特地来北京又没有见到伯伯，回到长沙我如何向父亲交待呀？心想只有第二天在人民纪念碑见到大姐再说。下午我们回到接待站，拿了第二天的火车票，他们还写了介绍信叫我们晚上去某单位的招待所去住。出来几天了，我们终于在招待所洗了一个干净澡，睡了一个安稳觉。第二天天亮后，我们又在招待所吃了免费的早餐，然后我带同伴前往天安门广场参观，他非常高兴，激动地问这问那，我要他在天安门四周自己慢慢的去看，因为我要在人民英雄纪念碑下等我姐姐们的到来，时间一分钟一分钟的过去了，我足足等了三个小时都未见到她们的身影。火车是下午6点多的，快4点钟了，我和他只好离开人民英雄纪念碑，我是行一步九回头，只盼自己的亲人快点来呀，只盼能和姐姐们见上一面呀。可是她们一个也没有来，我只好带着遗憾，带着忧伤，带着破灭的希望一步一步的向北京火车站走去。

这次我来到北京，虽然经历了千辛万苦，却有所收获。我秘密地一个人独闯了田汉住处，见到了最亲最爱的老祖母，也看到“文化大革命”之中最紧张的细管胡同。那个时候谁也不敢来这里，哪怕是就住在北京的人，唯独我一个人靠着爬火车来到细管胡同想看望伯父田汉一下。只是非常遗憾，没有见到他最后一面，更遗憾的是他在几个月后就被专案组的人迫害致死了。一代文豪，湖湘才子，中国戏剧家协会主席，《中华人民共和国国歌》词作者田汉悲惨地逝世了，他的结局虽然是一个悲剧，可是他的作品，他的风格，他的人品，他的骨气将永远屹立在热爱他的人们心中。他创作的《义勇军进行曲》将千古流传。

附文一：

天涯谁人不识君
——忆哥哥田汉和他的清交素友

田　洪

随着岁月的流逝，哥哥已逝世十五周年了。每当客人们来家闲谈，总不免要回忆起他的功绩与艺术造诣。有不少的人谈起哥哥对他们的关怀和教导时，眼泪止不住夺眶而出；也有不少朋友在来信中，一谈到哥哥的为人与品质，总是用最美丽的词句来表达对他的爱戴和尊敬。

近年来我看过不少回忆文章，很多人从各个角度各个方面来怀念哥哥的一生。一个人死后，还能引起活着的人对他的怀念，对他的回忆，对他的爱戴，这是多么不容易的事情。他为什么能在死后还能得到这么高的评价呢？郭沫若先生在哥哥五十大寿的寿辞中曾说："肝胆照人，风声树世，威武不屈，贫贱难移。人民之所爱戴，魍魉之所畏葸。莎士比亚转生，关马郑白难比。文章传海内，桃李遍天涯，春风穆若，百世无已。"在郭老这寥寥数语中就能看出哥哥的一生。

哥哥之所以能在艺术道路上取得成功，这不仅有在黑暗中追求出路，也有在烂泥中奋力的挣扎。他不仅饱尝人间的甜酸苦辣，也流过不少鲜血与汗水。他就是在这坎坷不平的道路上走出来的。他懂得要想使自己的作品和事业获得成功，光靠一个人的力量是完不成的。在他一生的道路中他结识了很多朋友，认识了很多艺人。他就是在这些朋友的帮助下取得了很多成功。

上世纪三十年代，我与哥哥在上海整整生活了十五年。我们朝夕相处，那艰难的日子时时出现在眼前。在回忆往事时，我想记录哥哥与一些朋友的结识和往来，看看他们是怎样交朋友，怎样搞事业的。

1925年漱渝病逝后，我和哥哥又从湖南来到上海。住在法租界保康里。在那里经湖南同乡梁绍文介绍认识了京剧名演员欧阳予倩。当时国内有这种说法，叫做“南欧北梅”。欧阳先生虽然很有名气，但与我们相当亲热。同时也认识了他的哥哥欧阳剑岚。

1926年哥哥生日，欧阳予倩先生知道了，说一定要来祝贺。哥哥和我忙了一天，又是买菜，又是借碗。哥哥又是洗又是切，由我掌勺。下午欧阳先生和周信芳、高百岁、黄荣芳等几位京剧界朋友都来了。大家一齐动手摆桌子吃饭，热热闹闹地吃了一餐湖南菜，辣得大家满头大汗。饭后又拉起京胡唱起来，欧阳先生唱了《黛玉葬花》，周信芳先生唱《明末遗恨》，哥哥唱《武家坡》。那天大家玩得好高兴。事后哥哥说，通过一些社会活动我们将认识和接触更多的文艺界人士。这也是哥哥有生以来第一次和演员一起欢聚，与艺人交上了朋友。

1926年，哥哥与法国留学生唐槐秋相识，并组织了“南国电影剧社”。有一天，钱杏邨（阿英）来找哥哥，并把一起陪同前来的一个人介绍给哥哥说，这位是苏联留学生蒋光慈先生。蒋先生说：“田先生，我俩要长期打交道啦！”哥哥热情地说，我又多了一位有真才实学的朋友了。然后他们三人单独找了间房子谈话去了。

晚上哥哥对我说：“你知道今天来的两个人吗？他们都是共产党员，特别是那位蒋先生，他还是我国派到苏联学习的第一批党员。他们今天来是要我们以南国社的名义去欢迎世界著名舞蹈家伊尔玛·邓肯舞蹈团。你明天去把周信芳先生请来，说我有事商量。”

第二天，哥哥与蒋光慈、唐槐秋、唐琳、顾梦鹤、周信芳和我一起商量举办欢迎晚会的事，最后决定演出京剧《投军别窑》。在欢迎晚会上，由高百岁和王芸芳主演，舞蹈团也表演了舞蹈。哥哥在席间发表了热情洋溢的讲话，由蒋光慈先生当翻译。晚会开得非常成功。邓肯团长也发表了简短的讲话。当她知道我是田汉的弟弟时，也过来与我握手交谈。这时唐槐秋过来担任翻译。唐槐秋先生的翻译使她很吃惊，说没想到中国有这么多了不起的人才。

通过与蒋光慈先生的来往，南国社的社会活动愈来愈广泛，与苏联驻上海领事馆也建立了关系。蒋先生多次带我们去领事馆看电影，并向我们介绍了苏联作家托尔斯泰、高尔基等人的作品。还介绍来华访问的苏联作家皮涅克与哥哥认识，并邀请他参加我们拍的电影《到民间去》。

1936年南京中国舞台协会成员留影（前排左起白杨、欧阳予倩、俞珊，后排左起：马彦祥、洪深、余上沅、唐槐秋、张道藩、应云卫、田汉）

为了在上海公演苏联影片《战舰波将金号》，蒋先生又一次与南国社联系，并在共和影院试映。南国社在与苏联领事馆的接触中，受到十月革命道路的影响，这对于南国社倾向革命起了一定的作用。

当南国社在梨园公所演出时，开演前突然有人告诉哥哥，有日本客人来访，其中有剧作家菊池宽先生。哥哥忙从后台来到戏院门口，把几位专程来看戏的日本客人请进来。并要我在舞台前面放几把椅子让客人坐着看戏。

菊池宽先生问今晚演什么戏，站在旁边的唐槐秋先生忙用日语回答："今晚有《苏州夜话》《生之意志》，也有您写的剧本《父归》。"讲完后，他们都高兴地说："太好了！太好了！"《父归》一剧是由陈凝秋演父亲，周存宪演母亲，左明演贤一郎，陈白尘演新二郎，唐淑明演女儿。那场演出大家非常认真，特别是陈凝秋演得最为出色。

演出结束后，菊池宽非常激动地说:“谢谢你们，你们的演出是非常精彩的，你们的演出可以说比我们日本人还演得好，在异国能看到自己作品取得这么好的效果，真使我太高兴了。这次我没有白来，我心满意足了。”哥哥用日语回答了他:“由于您的作品精彩，加上演员的认真，这就是成功的妙作。”日本客人连声说:“一衣带水，我们是一家人啊！”

哥哥创办的文艺团体南国社不仅闻名全国，也传到日本，凡是到中国来的日本作家、艺术家无不来南国社拜访。在日本人的心目中，南国社好像是传播友谊和艺术的场地。这种友谊一直相传到今天。虽然哥哥已经逝世了，但以前认识他的日本朋友到中国来，无不前来看望和问候我们，以示对田汉的怀念。

1978年，哥哥还未平反昭雪，正巧有日本电影代表团来华访问，电影《望乡》的导演到处打听哥哥的消息，准备把在“文革”之前哥哥与他们的合影照片送给主人。谁知在北京没有找到照片主人，直到在南京欢迎他们的宴会上，当他听说张辉同志是田汉的女婿时，他双手捧着照片交给张辉同志，并说:“千里之外的友谊总算交给了照片的亲人，我们日本人民还惦记着他，想念着他，盼望着他。”张辉万分感激地说:“谢谢你们，谢谢你们的珍贵的友谊。”并告知客人，中央准备为田汉同志平反昭雪，恢复名誉了。日本客人全都站起来，举起酒杯来到张辉面前说，为田汉先生的平反、为中日友谊干杯！

岁月蹉跎，往事依稀。转眼我也八十多岁了，在有限的生命中我准备详细记录哥哥的一生。任何一件小事，任何一个人物，我都不想放过，把它们都记录下来，供后人参考。这篇文章只是在我脑海中浮现出的几个人物和几件事，虽然看上去是微不足道的，可是哥哥与朋友们的友谊和他们对哥哥在事业上的帮助，是可供后人学习的。

现在很多人都赞颂他的才华和灵感。我认为他的才华与灵感是从平时一人一事积累起来的，是用心血和笔写出来的。事业上的成功是依靠辛勤劳动创造出来的。总之一句话，田汉同志是人，不是神！

1984年元旦写于长沙

附文二：

与鲁迅的一件事

田　洪

1930年夏，上海已经被外国侵略者划分了很多租界，如英租界、法租界、美租界、日租界等等。我当时在南国社负责舞美工作。在上海中央大戏院首次公演话剧《卡门》的第三天，突遭国民党政府的破坏，被迫宣布禁止演出的通知，这件事在上海引起了强烈的社会舆论和反响。新闻报刊杂志纷纷发表文章向国民党政府提出抗议。第四天的下午，哥哥田汉急匆匆的从外面回来，他笑呵呵地拍着我肩膀说："三弟，你还不错呀，还有人请你吃饭。""谁会请我吃饭啊？"我惊讶而又怀疑地问。"中国的大文豪鲁迅。""鲁迅？""对，你还没见过他，可是早就看过他的书，还记得那本《阿Q正传》吗？你不是说阿Q临死之前还在一本正经地想把那个圈画圆吗？""记得，记得。"我兴奋地回答。哥哥也高兴地说："就是他请你，鲁迅先生。"

第二天，哥哥带我来到明月楼酒店，当我们上楼时只见一个人靠着楼梯口站着，哥哥对他说："这是我三弟。"那人用警惕的眼光审视了我一下说：“你带他进去吧。”后来哥哥告诉我那个人叫胡风。然后领我走进一间小房间，指着一位坐在藤椅上的老者说：“这就是鲁迅先生。”

我非常紧张地望着鲁迅先生，只见他身穿一件深灰色长衫，剪着一个平头，嘴上留着一撮又浓又黑的斯大林式胡子。这时鲁迅先生站起来握着我的手用绍兴普通话问我：“听说你没读过书，是吗？”“是的”，我还是很紧张地回答。“没读过书这不要紧，你听说过高尔基吗？”我点点头说：“听说过。”鲁迅先生说：“他和你一样没读过书，从小也吃过很多苦，后来自己努力学习，把自己的年青时的经过都写成了书，现在是苏联的大文学家了。”他深深地吸了两口烟接着又说：“那些读过书的人没什么了不起，听说你还在船上做过事，是吗？”“是的，为了吃饭和节约母亲的开支，在船上做了几年水手。”“这很好，你虽然现在认识的字不多，等将来认识字了，就可以把这些生活写出来，也可以成为中国的高尔基。”他又说：“你还不错，协助你哥哥做了很多事，现在大家的处境都很困难，恐怕今后更困难，你要多加警惕，保护好你的哥哥。”我当时只是点头说：“好的，好的。”鲁迅先生拉着我的手对旁边的人说：“我今天请一个水手吃饭，大家要客气点呀。”他话音一落，房间一下笑声一片。

几天后的一个晚上，哥哥带我到跑马厅附近的一个教堂去，说是去参加“中国自由大同盟”的集会。在会场的人群中我又看见了鲁迅先生，急忙向他行了个大礼，并喊了一声鲁迅先生。他一眼也认出了我，用手搭在我肩上说：“又认识几个字了吗？”并压低嗓子对我说：“现在外面局势很紧张了。”

这时有人请鲁迅先生上台讲话，鲁迅先生拍拍我肩膀说：“你们要多注意呀。”

在那段紧张的日子里，我们减少了出门去参加活动的次数。哥哥在家把鲁迅先生的小说《阿Q正传》改写为剧本，写完后将剧本送到袁牧之先生主编的《戏》周刊上去发表。哥哥对我说：“我很敬佩鲁迅先生，他代表着中国的新文艺路线，五四精神，他就是中国的高尔基。”哥哥改编的剧本都是我送到鲁迅先生家，亲手交给鲁迅先生。第二天我再去鲁迅先生家，把他对剧本提出的意见又交我带回。鲁迅先生非常兴奋地说：“你哥哥是第一个给我写剧本的人。”

由于时局越来越紧张，“左联”有人被抓，哥哥也被列入了黑名单。因此我也没去鲁迅先生家了。有一天，哥哥派我去日本人开的“内山书店”借书，因为这日本人是鲁迅先生的朋友，哥哥也认识他，所以借书是沒一点问题的。我来到书店门口时，借故系鞋带回头看有没有人跟踪我，见没人时我一个闪身就窜进去了书店，抬头往里一看，鲁迅先生正好坐在里面，同时他也看见了我，并招手叫我过去。他问我来做什么？哥哥情况怎样？我大概向他讲了一些情况，店员把要借的书给我后，鲁迅先生小声告诉我说田汉名字已经被列入国民党的黑名单了，要注意点，还要我赶快回去，不要在外逗留，并一再提醒我注意保护好哥哥。从那以后我就很少见到鲁迅先生了。

1935年哥哥在上海还是被国民党政府逮捕了，关押在南京监狱。没想到的是，1936年鲁迅先生突然逝世。哥哥出狱后与郭沫若、周信芳、许广平等人去墓地为鲁迅先生扫墓献花，同时他还写下诗两首来悼念鲁迅先生；

哥哥出狱后与郭沫若、周信芳、许广平等人去墓地为鲁迅先生扫墓献花

手法何妨有异同，
十年苦斗各抒忠。
雄文未许余曹及，
亮节堪为一世风。

《惜逝》惊添霜鬓白，
忧时喜见《铁流》红。
神州今作存亡战，
百万旌旗祭迅翁！

附文三：

缅怀叔叔田沅

田海雄

在伯父田汉平反昭雪之后，每年的春节和清明节那天，父亲总要在桌上多摆一双碗筷。我好奇地问父亲这是为何？他语重情长，面带沉重地说："这是为你叔叔摆的碗筷。"我说："怎么我们都没见过叔叔？"父亲说叔叔在淮海战役中牺牲了。后来我通过父亲的讲述和查看到的资料才逐步对叔叔有更多的了解。

奶奶易克勤在三十多岁就守寡，一个人坚持带养三个儿子，田汉、田洪、田沅。在田汉未去日本之前，在长沙师范读书时，奶奶为照顾他，带着我父亲田洪从乡下搬到长沙城郊伍家岭，我父亲每天就在大街小巷卖香烟瓜子扯麻糖，艰苦度日。而叔叔则放在奶奶的娘家，靠放牛、下田劳动过日子。后来别人提醒奶奶要让孩子去读书，于是奶奶就将叔叔送进长沙县塱梨高小读书，他在学校里认识了同班同学廖沫沙。

田汉在上海时，除在各个大学教书外，还创作了不少剧本供学生演出，也写了不少革命歌曲。那时田汉是上海的一名革命旗手，叔叔也在其影响下积极参加各种工人和学校的抗日运动，和廖沫沙等人上街游行、贴标语。在一次示威游行中被国民党政府逮捕，关押了一年之久，要他供出田汉下落及“左联”活动，都遭到叔叔的拒绝，因此在牢里受到了酷刑。他是由另一个在银行工作的同学雷光烈以保外就医为名救出来的。雷光烈曾告诉我，接他出狱时叔叔满身是伤，头发零乱不堪，长了一身虱子。到雷光烈家时，把衣服全部脱掉，全身洗漱一番，换上雷光烈的衣服才进屋。然后又带他到理发店去剪头，在他家吃了晚饭后趁天黑才回家与奶奶、哥哥见面，一家人在患难中再次相聚。

有一天别人介绍一位女演员蓝苹（即江青）来家找田汉，她想参加上海文艺界的活动。田汉指派叔叔照顾蓝苹的活动，白天叔叔带她去参加工人、学生组织的革命活动和演出，晚上在我家吃饭睡觉。也常带她到百代电影公司去，其间她认识了史东山、赵丹、司徒慧敏、金焰、廖沫沙等。

不久，抗日烽火熊熊燃起，一家老小又撤回长沙。叔叔在抗日战争中决定和音乐家冼星海等人一起奔赴革命圣地延安。到达延安后，他丢掉了城市青年的幼稚和理想，直接参与到大生产运动，去鲁迅艺术学院学习，参加冼星海的黄河大合唱，完全脱胎换骨，成为了一个真正的共产党员。由于他也曾去过日本留学，能说一口流利的日语，组织上将他调到敌后训练队工作二年，研究与训练被俘日军如何为我军抗战服务。不久又把他调到山东军区武工队，领导地方游击队与日寇长期进行战斗，直到解放战争前夕才调到华北野战军任营长。

在最后进行的淮海战役时，他伤病复发，经过多方抢救无

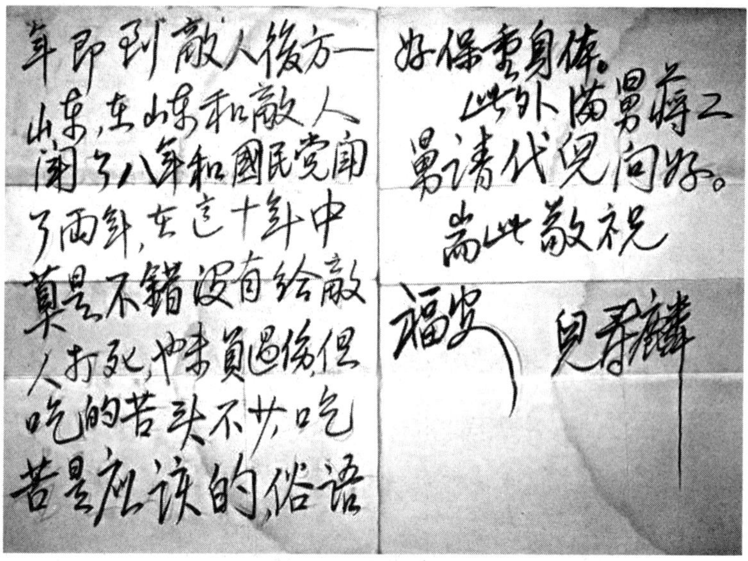

母親：

哥哥說您的身体很健康，兒現遙祝您福寿康寧，永無災難。十餘年未見慈顏，又不通音信，怎不叫您胡想我生死不明呢？兒自離開膝下，先到陝北，在延安約二年，即到敵人後方——山東，在山東和敵人鬧了八年，和國民党鬧了兩年，在這十年中算是不錯，沒有給敵人打死，也未負過傷，但吃的苦头不少，吃苦是應該的，俗語云：不吃苦中苦，難為人上人，媽，兒現在是脫胎換骨的人了。可惜母子不能馬上見面。媽，現告您一事，您不要难過，兒現在害了病，在北平治療，只有等到那天好，那天才能回家，媽，您好好保重身体。此外，滿舅、蔣二舅請代兒問好。此敬祝

福安

兒寿麟

田沅的遗书

效，在新中国诞生前夕光荣牺牲，享年45岁。他没有结婚，无儿无女，埋葬在天津烈士陵园内。

在他逝世前，给母亲写下了一封遗书，后交给田汉。田汉

把自己亲爱的弟弟牺牲的消息深深埋在心里，后来将遗书交给了我父亲，直至田汉自己去世也没把这消息告诉母亲。我父亲像保护自己生命一样保存了这封遗书，“文革”中也没有被抄去。遗书至今已有70年了。

“四人帮”垮台后，迎来了田汉的平反昭雪。在开田汉追悼会期间，各新闻媒体、报刊杂志都发表了不少文章。1979年有一天我妹妹田伟在《北京晚报》上看到一篇文章，文里怀念了田汉和田沅的往事。他们立即通过报社联系上了文章的作者，他叫方之中，任天津警卫区司令，曾经于20年代在上海听过田汉的课，也认识田沅。

1980年，我父亲和妹妹去天津拜访了他。父亲说田沅牺牲在天津，不知现在埋葬在什么地方。方司令听后说会想尽一切力量来寻找，有消息定会告之。几个月以后，他来信告诉我父亲说通过寻找，终于在天津烈士陵园找到了。墓地前面还立着一块墓碑，上面有陈毅元帅和郭沫若的题字，要我们赶快前去认领。

通过天津民政局和长沙民政局的联系，父亲派我和妹妹田灿前去北京和田申（田汉的儿子）联系，再三个人一道去天津。到天津后当天下午就去拜访了方司令员，此时的他身体健康，声如洪钟。他女儿说战争时期炮弹把他的耳朵炸伤了，所以说话声音很大。第二天方司令叫上几个解放军和我们一道去烈士陵园寻找墓地。在茫茫的一片墓地里，看到成百上千的坟堆，头上听到乌鸦悲哀的叫声。在解放军的帮助下，我们将地底下的尸骨一根一根捡了起来，然后拿去火化。我和哥哥田申两人用肩抬着二百来斤重的墓碑，一步一步从高低不平的墓地

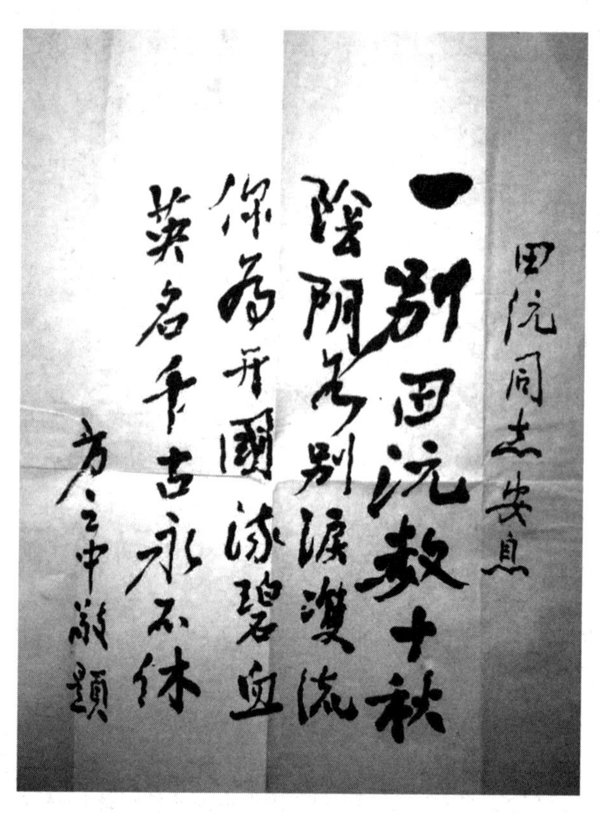

方之中将军为叔叔田沅题诗

抬了出来，决定将墓碑放至在北京宽街欧阳予倩家的葡萄树下保存起来。

当我们与方之中将军告别时，他连夜写了一首诗交给我们，表示他对叔叔的哀思。父亲后来说这次如果没有方将军的帮助，叔叔的骨灰永远也找不到，我们要好好地感谢方司令员。不久，叔叔的骨灰荣归故里，成为了湖南省烈士陵园的保护对象。

多年来，我一直在寻找叔叔的照片，最终只找到二张合影照。一张是20年代在南京燕子矶一家人的合影，我父亲说这是

田沅（右一）与田汉、易克勤、林维中，田洪摄影

前立者为田沅

他拍摄的。

还有一张是他在武汉拍摄的，也是三兄弟即将分手时的留念。除这两张照片外，再也找不到叔叔第三张照片了。

那次从北京即将回长沙的前夕，我们去拜访了廖沫沙。他对田沅的感情可谓情深意长，说年轻时他们的经历还历历在目。他说他与田沅是一对难兄难弟，他永世不会忘记田沅对他的关怀和爱护。